ADOLPHE JOANNE

GÉOGRAPHIE
DE L'AIN

11 gravures et une carte

HACHETTE ET Cᴵᴱ

GÉOGRAPHIE

DU DÉPARTEMENT

DE L'AIN

AVEC UNE CARTE COLORIÉE ET 11 GRAVURES

PAR

ADOLPHE JOANNE

AUTEUR DU DICTIONNAIRE GÉOGRAPHIQUE ET DE L'ITINÉRAIRE
GÉNÉRAL DE LA FRANCE

CINQUIÈME ÉDITION

PARIS

LIBRAIRIE HACHETTE ET C

79, BOULEVARD SAINT-GERMAIN, 79

1886

Droits de traduction et de reproduction reservés

TABLE DES MATIÈRES

DÉPARTEMENT DE L'AIN

I	1	Nom, formation, situation, limites, superficie.	1
II	2	Physionomie générale.	3
III	3	Cours d'eau.	9
IV	4	Climat.	23
V	5	Curiosités naturelles.	25
VI	6	Histoire.	26
VII	7	Personnages célèbres.	32
VIII	8	Population, langue, culte, instruction publique.	33
IX	9	Divisions administratives.	35
X	10	Agriculture.	38
XI	11	Industrie.	41
XII	12	Commerce, chemins de fer, routes.	45
XIII	13	Dictionnaire des communes.	46

LISTE DES GRAVURES

1	Lac des Hôpitaux.	7
2	Le Rhône près de Bellegarde.	11
3	Fort de Pierre-Châtel.	13
4	Nantua.	19
5	Tombeau de Marguerite d'Autriche, à l'église de Brou.	27
6	Tombeau de Philibert le Beau, à l'église de Brou.	29
7	Trévoux.	31
8	Usines de Bellegarde.	45
9	Belley.	47
10	Église Notre-Dame, à Bourg.	49
11	Jubé de l'église de Brou.	51

Typographie Lahure, rue de Fleurus, 9, à Paris.

DÉPARTEMENT
DE L'AIN

II. — Nom, formation, situation, limites, superficie.

Le département de l'Ain doit son *nom* à une belle rivière, claire, abondante, qui le traverse du nord-nord-est au sud-sud-ouest, pour aller se perdre dans le Rhône après avoir partagé le territoire en deux portions à peu près égales.

Il a été formé, en 1790, de tout ou partie de quatre pays qui dépendaient de la **Bourgogne**, province de 2,600,000 hectares, la sixième par ordre de grandeur de celles qui composaient alors la France. Ces quatre pays étaient la Bresse, le Bugey, la principauté de Dombes et le pays de Gex : la BRESSE et le BUGEY fournirent ensemble plus de 390,000 hectares, soit 67 p. 100 de la surface totale du département ; la principauté de DOMBES, près de 145,000 hectares, ou 24 à 25 p. 100 ; le PAYS DE GEX, environ 47,000, ou 8 p. 100.

Le département de l'Ain est *situé* tout à l'est de la France : c'est même un de nos départements frontières, car il touche aux cantons de Vaud et de Genève, qui font partie de la Suisse ou Confédération helvétique. Un seul département, Savoie ou Haute-Savoie, le sépare de l'Italie. Deux départements seulement, d'ailleurs très-larges, Saône-et-Loire et Allier, le séparent du Cher, qui occupe à peu près exactement le milieu de la France. Quatre le séparent de la mer Méditerranée, qui sont l'Isère, la Drôme, Vaucluse et les Bouches-du-Rhône. Enfin, son chef-lieu, Bourg-en-Bresse, se trouve à 478 kilomètres au sud-est de Paris par le chemin de fer, à 365 seulement à vol d'oiseau, en traversant cinq départements : Saône-et-Loire, la Nièvre, l'Yonne, Seine-et-Marne et Seine-et-Oise. Le département est coupé à l'est de Bourg, vers son milieu, par le 3ᵉ degré E. du méridien de Paris. Dans l'autre sens, c'est-à-dire parallèlement et non plus perpendiculairement à l'Équateur, un peu au nord d'Ambérieu, un peu au sud de Pont-d'Ain, vers Villars et Chalamont, il est traversé par le 46ᵉ degré de latitude Nord : il est par conséquent presque également éloigné du Pôle et de l'Équateur, que séparent, on le sait, l'un de l'autre 90 degrés ou un quart-de-cercle. Bourg-en-Bresse est à peu près sous la longitude de Bar-le-Duc, de Chaumont, de Langres, de Dijon, de Nyons et de Carpentras; et plus ou moins sous la même latitude que Genève, Guéret et la Rochelle.

L'Ain est *borné* : à l'est, par les cantons de Vaud et de Genève (Suisse) et par les départements de la Haute-Savoie et de la Savoie; au sud, par le département de l'Isère; au sud-ouest et à l'ouest, par le département du Rhône ; au nord-ouest et à l'ouest, par celui de Saône-et-Loire ; au nord, par le département du Jura; à l'angle nord-est, par le canton de Vaud. Ces frontières sont en grande partie naturelles : à l'est et au sud le cours du Rhône, à l'ouest celui de la Saône, lui servent presque constamment de limite avec les départements limitrophes; au nord et au nord-est, les limites sont le plus souvent tirées à travers champs, sans souci des reliefs du terrain ou du cours des rivières, en un mot elles sont artificielles.

Sa *superficie* est de 579,897 hectares : sous ce rapport, c'est le 54ᵉ département de la France ; en d'autres termes, 53 sont plus grands que lui. Sa *longueur* la plus grande, au nord de Bourg, de la rive gauche de la Saône (ouest) à Ferney (est), est d'un peu moins de 100 kilomètres ; sa *largeur*, du nord au sud, varie entre 80 kilomètres (de la frontière de Saône-et-Loire à la rive droite du Rhône à Loyettes, ou du confluent de l'Ain et de la Bienne au grand coude méridional du Rhône) et 45 kilomètres (de la limite du Jura au pont de Lagnieu) : sans tenir compte de l'espèce de tronçon oriental formé par l'arrondissement de Gex et par un petit nombre de communes de celui de Nantua, tronçon qui n'a pas plus de 10 à 20 kilomètres de largeur. Enfin, le *pourtour* du département est de 420 kilomètres, en négligeant une foule de sinuosités secondaires.

II. — Physionomie générale.

Le département de l'Ain se divise en deux pays tout à fait différents et qui sont presque d'égale étendue : il se compose, en effet, à l'est, de montagnes et de plateaux, malheureusement de moins en moins boisés, qui portent le nom commun de Jura ; à l'ouest, de vastes plaines plus ou moins parsemées de bois ou d'étangs.

Le **Jura** n'est point un ensemble de chaînes exclusivement français ; il a bien en France une étendue considérable sur plusieurs départements, mais il couvre aussi l'ouest de la Suisse, et, au delà du cours du Rhin (qui le perce à la fameuse cascade de Schaffhouse), au delà même du Danube, il se poursuit encore en Allemagne, sous des noms qui ne sont plus celui de Jura.

Sur le territoire de l'Ain, le Jura se compose de chaînes et de plateaux parallèles qui, de l'ouest à l'est, s'élèvent de plus en plus : aussi l'arête principale du département se dresse-t-elle tout à fait à l'est du territoire, au-dessus des confins de la Suisse et de la Savoie.

Cette arête, la plus haute non-seulement du département de l'Ain, mais aussi de tout le système des montagnes du Jura, est orientée du nord-nord-est au sud-sud-ouest. Elle est comprise dans l'ancien pays de Gex, entre la frontière de Suisse et de Savoie, le cours du Rhône et la profonde vallée de la Valserine, affluent du Rhône. Là se dresse le **Crêt de la Neige**, le plus haut des monts Jurassiens. Cette montagne, située à une douzaine de kilomètres en ligne droite au sud-ouest de Gex et à près de 20 kilomètres à vol d'oiseau au nord-est de la station de Bellegarde, n'a pas moins de 1,723 mètres d'altitude, c'est-à-dire de hauteur au-dessus du niveau moyen des mers : cette altitude équivaut à environ 45 fois la hauteur du clocher de l'église paroissiale de Bourg. Mais cette altitude considérable n'est guère que le tiers de celle du Mont-Blanc, montagne de la Savoie (4,810 mètres) parfaitement visible du sommet du Crêt de la Neige et qui est la plus haute montagne non-seulement de la France, mais encore de toute l'Europe, si l'on ne tient pas compte du Caucase (5,660 mètres), chaîne d'ailleurs moins européenne qu'asiatique. Le Crêt de la Neige est ainsi nommé d'une vaste excavation, longue de 150 mètres, large de 5 à 15, profonde de 20 à 30, où la neige se conserve pendant une grande partie de l'été, et atteint au printemps 12 à 15 mètres d'épaisseur.

Si, du Crêt de la Neige, on suit la chaîne dans la direction nord-nord-est, on rencontre d'autres cimes élevées : le *Montoissey* (1,671 mètres d'altitude) ; le Colomby ou *Colombier de Gex* (1,691 mètres), qui doit son nom au modeste chef-lieu d'arrondissement, jadis capitale d'un petit État, qu'elle domine ; le *Montrond* (1,600 mètres), qui se dresse également dans le voisinage de Gex et commande le col de la Faucille, ouvert à 1,323 mètres et par lequel passe la route de Paris et de Saint-Claude à Genève; etc.

Toujours en partant du Crêt de la Neige, on trouve successivement en suivant la chaîne dans la direction opposée, c'est-à-dire vers le sud-sud-ouest : — le *Reculet*, tout voisin du Crêt de la Neige, puisque ces deux cimes ne sont guère séparées que par une heure de marche sur des sentiers rocailleux : il a 1,720 mètres, trois seulement de moins que le Crêt de la Neige ; — la *Roche* (1,648 mètres) ; — le *Crêt de la Goutte* (1,624 mètres), entre Collonges et Châtillon-de-Michaille ; — le *Grand-Crédo* (1,608 mètres) : ce dernier, promontoire superbe autour duquel tourne le Rhône, domine les admirables gorges de ce fleuve, le fort de l'Écluse, la Perte-du-Rhône, Bellegarde, la Combe de la Valserine, et de son sommet on voit le Léman, le lac d'Annecy, le lac du Bourget. C'est à travers cette montagne qu'a été percé le tunnel du Crédo, long de 3,900 mètres, pour le passage du chemin de fer de Paris à Genève.

Les autres chaînes du Jura comprises dans le département de l'Ain n'ont point une élévation aussi grande que celle du pays de Gex ; elles ne sont pas non plus aussi bien délimitées. Celle qui vient immédiatement à l'ouest peut s'appeler **Chaîne du Grand-Colombier** ou **Chaîne du Valromey** : elle baigne, à l'est, le pied de ses escarpements dans le Rhône ; à l'ouest, elle tombe sur le Séran, petit affluent du grand fleuve, et plus au nord, sur la combe qui contient le petit lac de Silan. On y distingue surtout, du sud au nord, autrement dit de Culoz à la frontière du département du Jura : — le Colombier ou *Grand-Colombier* (1,534 mètres), qui s'élève au-dessus de Culoz, entre le Rhône, l'Arvière et le Séran : de sa cime, on voit Lyon, la vallée du Rhône, les lacs savoisiens, le Léman et d'innombrables montagnes ; — le *Crêt du Nu* (1,555 mètres) ; — le *Crêt de Chalame* (1,548 mètres), entre la Valserine et la Semine, son tributaire. C'est là, par l'altitude comme aussi par la situation (en partant de l'est), le second chaînon du Jura.

Le troisième chaînon, beaucoup moins haut que le second et à plus forte raison que le premier, leur est parallèle comme le sont d'ailleurs plus ou moins entre elles les diverses chaînes du Jura : il se dirige donc à peu près du sud au nord, du grand coude méridional du Rhône aux frontières du département du Jura. Deux enfoncements très-curieux, deux cassures de la montagne le coupent en trois parties ; et ces cassures sont extrêmement importantes en ce que chacune d'elles a permis à un chemin de fer de passer sans de grands travaux, sans de longs tunnels, de la vallée de l'Ain dans celle du Rhône en aval de Genève. La cassure du sud, entre Ambérieu et Culoz, sert à la ligne de Paris à Turin par le tunnel des Alpes, entre les gorges de l'Albarine et du Furand ; c'est une combe stérile, au fond de laquelle se trouvent trois étangs nommés lacs des Hôpitaux. La cassure du nord, entre le lac de Nantua et le lac de Silan, qui appartiennent, le premier au bassin de l'Ain, le second au bassin du Rhône, donne passage au chemin de fer direct, qui n'est pas encore terminé, de Paris à Genève par Nantua : la hauteur du col au-dessus de la mer est sur ce point de 623 mètres; elle n'est que de 370 aux Pierres-Croisées, dans la passe des Hôpitaux.

Ainsi ce troisième chaînon se divise en trois tronçons : celui du sud, entre le Rhône, le Furand, la combe des Hôpitaux et l'Albarine, porte quelquefois, dans son ensemble, le nom d'**Innimont**, d'une montagne couverte de broussailles ; il a pour sommet le plus haut le *Molard de Don* (1,219 mètres), au-dessus du vallon de Rossillon, parcouru par le Furand. Dans le tronçon central, traversé par le col de la Rochette (1,119 mètres, à l'est de Hauteville), la cime culminante, le *Crêt de Planachat*, dans la *forêt de Cormaranche*, a 1,237 mètres. Le tronçon du nord est le moins élevé des trois.

Le quatrième chaînon s'allonge entre le troisième chaînon et la rive gauche de l'Ain, qui coule dans une vallée tortueuse et profonde. On y remarque un petit nombre de montagnes ayant plus de 1,000 mètres : le *mont de Chaney*, au nord de Tenay, au-dessus de la rive droite de l'Albarine, a 1,084 mètres; l'*Avocat*, qui commande à l'ouest la cluse de Cerdon, à l'est le vallon supérieur de l'Oignin, en a 1,017; le *Charvet* et le *Luisandre*, au-dessus d'Ambérieu, sont moins hauts, le premier n'atteignant que 754 mètres, et le second que 809.

A l'ouest du cours de l'Ain se dresse le cinquième et dernier chaînon, le plus bas de tous, mais non le moins beau, vu de la plaine immense qui, de son pied, s'étend bien au delà de la Saône, jusqu'à la base des montagnes du Beaujolais. On lui donne souvent, du moins dans la partie centrale, juste à l'orient de Bourg-en-Bresse, le nom de **Revermont**. Le Suran, tributaire de droite de l'Ain, le coupe en deux portions parallèles : celle de l'est, entre l'Ain et le Suran, a moins d'élévation que celle de l'ouest; dans cette dernière, où naissent, dans de jolies combes, les rivières peu rapides qui vont arroser la Bresse, se dresse le *mont de Nivigne* (771 mètres), au nord-est de Treffort, au-dessus du val du Suran, tout à la frontière du département du Jura.

Telle est la partie montagneuse du département de l'Ain :

Lac des Hôpitaux.

en s'en tenant à un calcul des plus approximatifs, elle couvre environ la moitié du territoire.

La **Bresse** n'appartient pas seulement au département de l'Ain, elle s'étend également sur la partie méridionale de Saône-et-Loire, dans les arrondissements de Louhans et de Châlon-sur-Saône. Pour nous en tenir à la Bresse de l'Ain, à la *Bresse Bressane*, par opposition à la *Bresse Louhannaise* et à la *Bresse Châlonnaise*, c'est une plaine mamelonnée qui commence à l'est, tout au pied des escarpements du Revermont, et s'achève à l'ouest par les talus qui dominent les immenses prairies de la rive droite de la Saône. Sa pente, très-faible, est à l'ouest, au nord-ouest ou au nord, suivant le cours de ses lentes rivières, la Veyle, la Reyssouze, la Sane-Vive, la Sane-Morte, le Sevron et le Solnan. Son altitude varie presque toujours entre 200 et 250 mètres, et sa hauteur moyenne au-dessus des mers est à peu près celle de Bourg-en-Bresse, soit environ 225 mètres. Bien que d'un sol froid, composé de cailloux roulés et d'argile, quoiqu'elle ait encore çà et là des landes, des taillis, des étangs, elle ne manque pas de fertilité, et peu à peu la culture en a fait un pays de bon rapport.

La Bresse, au sud, se continue par le **Pays des Dombes**, contrée curieuse qui a longtemps mérité sa réputation d'insalubrité, mais qui maintenant devient de moins en moins malsaine depuis qu'on en dessèche les innombrables étangs. Composée du même sol que la Bresse, d'une terre compacte retenant facilement les eaux à la surface, elle se prêtait admirablement à la création d'étangs, et de fait, on en comptait plus de *mille* il y a vingt-cinq ans. « Cette région, dit M. Élisée Reclus, est un damier d'innombrables vasques argileuses emplies par les eaux dormantes; des buttes de quelques mètres de hauteur, connues dans le pays sous le nom de *poypes*, s'élèvent çà et là entre les nappes lacustres et y reflètent leurs bouquets de verdure. La plupart des étangs sont de création moderne, il est vrai, et même la région du pays où ils sont le plus nombreux aujourd'hui était couverte de cultures au quatorzième siècle. Des guerres féodales firent disparaître la population de villages entiers, les eaux s'amassèrent dans les bas-fonds, les ruisseaux s'obstruèrent; l'aspect de la contrée changea peu à peu. Il fallut abandonner l'ancien système de culture et remplacer les labours par la pêche. Puis, quand les champs inondés avaient repris leur fertilité première, après deux années de repos ou davantage, on vidait l'étang pour le soumettre pendant un an aux cultures ordinaires. Vers 1850, les terres alternativement noyées et asséchées y occupaient une superficie de près de 20,000 hectares dont les deux tiers environ étaient sous l'eau. »

Depuis cette époque, la Dombes change rapidement d'aspect; les étangs y disparaissent, et avec eux la fièvre paludéenne. Près de cinq cents d'entre eux n'existent plus, la santé revient dans les villages, et il semble que les cent mille hectares de la Dombes ne tarderont pas à valoir autant que cent mille hectares dans la Bresse. Rien ne s'y oppose, ni le sol qui est le même, ni le climat qui est aussi le même; seulement la Dombes est plus élevée que la Bresse, mais pas assez pour amener de grandes différences dans le genre des cultures et dans l'abondance des récoltes. Elle ne domine guère la plaine bressane que d'une cinquantaine de mètres en moyenne.

III. — Cours d'eau.

Toutes les eaux du département de l'Ain vont passer à Lyon, car toutes gagnent les deux grandes rivières qui se joignent dans cette grande ville, le Rhône et la Saône.

Le **Rhône** est le fleuve le plus abondant de la France, et même l'un des premiers de l'Europe. Ce n'est point par la longueur de son cours ou l'étendue de son bassin qu'il est remarquable, n'ayant que 812 kilomètres de longueur dans un bassin de 9,700,000 hectares ; c'est par le volume des eaux qu'il porte à la Méditerranée : 500 à 550 mètres cubes ou 500,000 à 550,000 litres par seconde à l'étiage, c'est-à-dire quand il est au plus bas; 2,603 mètres cubes aux eaux moyennes; 12,000 en grande crue.

Le Rhône naît en Suisse, dans la portion du canton du Valais où règne la langue allemande, à 1,755 mètres d'altitude. Là, il sort d'un immense glacier, l'un des plus beaux des Alpes, dominé par des montagnes dont la plus haute a 3,603 mètres. Dès lors il est considérable, puisque ce glacier donne jusqu'à 18 mètres cubes d'eau par seconde au mois de juillet, saison de la grande fonte des neiges. Coulant ensuite à l'ouest-sud-ouest, avec une extrême violence, il reçoit de puissants torrents alimentés par de grands glaciers, dont l'un, celui d'Aletsch (14,000 hectares), est le plus long et le plus vaste des Alpes. Il passe à Sion, capitale du Valais, et, tournant au nord-ouest à Martigny, va se jeter dans le Léman ou lac de Genève, à 375 mètres d'altitude.

C'est à Genève qu'il sort, rapide, admirablement bleu, de ce lac aux eaux d'un bleu indigo, qui a 75 kilomètres de longueur, 14 de largeur, 152 de pourtour, 57,000 hectares d'étendue et près de 350 mètres de profondeur. A peine sorti du Léman, il s'augmente d'un tiers par la réunion de l'Arve, torrent fangeux venu du Mont-Blanc, puis il ne tarde pas à quitter la Suisse, où il a 270 kilomètres de parcours et un bassin de 717,000 hectares dont près de 104,000 occupés par des glaciers. Aussi est-ce un grand fleuve à son entrée dans le département de l'Ain, car à ce tribut de 104,000 hectares de glaces éternelles, il faut ajouter les immenses glaciers du Mont-Blanc qui lui envoient leurs torrents par l'Arve.

Dans le département de l'Ain, le Rhône a bien près de 200 kilomètres de cours; il lui sert de limite, par sa rive droite, et jamais il ne lui appartient par les deux rives à la fois; il y coule d'abord au sud-ouest, puis au sud, puis encore au sud-ouest, puis au nord-ouest, puis de nouveau au sud-ouest, et, à partir du confluent de l'Ain, à l'ouest jusqu'à la sortie du département. A Lyon, après avoir reçu la Saône, il prend la direction du sud, qu'il ne quitte plus jusqu'à la Méditerranée.

Rien de plus pittoresque, de plus changeant que cette portion du cours du fleuve, au pied des belles roches du Jura, dans une vallée de largeur très-variable, qui souvent se transforme en défilés étroits. Après avoir passé sous le pont en pierre de Collonges, il entre dans une gorge fameuse formée par le rapprochement du Grand-Crédo, montagne du Jura, et du Vouache, mont savoisien qu'on rattache d'habitude aux Alpes, bien que, par la nature et la direction de ses roches,

Le Rhône près de Bellegarde.

il continue réellement le Jura sur la rive gauche du Rhône. Ce passage est défendu par le fort de l'Écluse, bâti sur l'escarpement du Grand-Crédo.

Dans ce défilé resserré, le fleuve, beaucoup moins large que dans le canton de Genève, n'a plus que 20 mètres, quelquefois 15 seulement d'une rive à l'autre : on dirait un torrent comme il y en a tant dans les montagnes, et cependant c'est là le Rhône, avec sa masse d'eau déjà supérieure à celle de presque toutes nos grandes rivières de France. Bientôt le fleuve se rétrécit encore : il arrive à l'endroit, jadis si célèbre sous le nom de *Perte-du-Rhône*, où ses eaux disparaissent, ou plutôt disparaissaient sous un banc de rochers calcaires : cette curiosité naturelle n'existe plus dans son intégrité depuis qu'on a détruit la voûte de rochers pour le passage des trains de bois, et, d'ailleurs, le fleuve est détourné en grande partie, au-dessus même de la Perte, par la prise d'eau des usines de Bellegarde, qui enlève un minimum de 64 mètres cubes d'eau par seconde.

Ici ne se termine pas encore le défilé du Grand-Crédo : il faut encore passer devant le confluent de la Valserine (où s'élève peu à peu la ville industrielle dont la prise d'eau de la Perte-du-Rhône fera mouvoir les machines) et à la *passe de Malpertuis*, où le fleuve, resserré par les rochers, n'a pas plus de 6 mètres entre ses rives, avant de voir la gorge s'évaser en vallée, et l'étroit torrent devenir une large rivière.

On rencontre ensuite successivement : le Parc, hameau devant lequel commence la navigation officielle du fleuve ; Pyrimont, château voisin de célèbres mines d'asphalte ; Seyssel, double chef-lieu de canton situé moitié dans l'Ain, moitié dans la Savoie, en aval du confluent des Usses, en amont du confluent du Fier, rivière savoisienne aux gorges fameuses (c'est là que commence réellement la navigation) ; Culoz, où le Rhône, maintenant très-large et divisé en bras formant des marais et des îles, vient heurter la base du Grand-Colombier ; Pierre-Châtel, forteresse bâtie à plus de 170 mètres au-dessus des eaux du fleuve redevenu un torrent étroit ; le pont de Cordon, où le Rhône tourne à angle aigu vers le nord-ouest ; le défilé du Bout-du-Monde, non loin de Lhuis, où son lit, tout à coup resserré entre les roches arides et stériles du Bugey et les escarpements plus ombragés du Bois-du-Mont, sur la rive

Fort de Pierre-Châtel.

dauphinoise, se réduit à 36 mètres au plus de largeur, mais où sa profondeur est très-grande ; Quirieu, où le lit se rétrécit de nouveau ; le pont du Saut, où le Rhône, peu large, descend en tourbillons et forme une chute à travers des roches que divers travaux ont rendues moins dangereuses ; le pont de Lagnieu, où le fleuve tourne à angle droit vers le sud-ouest, pour aller passer près de la fameuse grotte de la Balme, recueillir en passant la fontaine de Saint-Vulbas, dont l'eau glacée donna la mort à Philibert le Beau, duc de Savoie, et s'augmenter par l'important tribut de l'Ain. Il est alors très-large (jusqu'à 2 kilomètres), il est parsemé d'innombrables *lônes*, ou îles avec des saules et des peupliers, il forme et détruit des bancs de sable, attaque et ronge capricieusement ses grèves au sein d'une vaste plaine, qui, de la rive droite à la *Côtière* ou talus méridional de la Dombes, porte le nom de *Valbonne*, peut-être par ironie, car elle est caillouteuse, nue, sèche, stérile, sans villages, presque sans hameaux, avec des champs de seigle. Le Rhône garde ce caractère jusqu'aux approches de Lyon, et l'on ne reconnaîtrait pas ici le terrible torrent qui a traversé le Jura entre le pont de Collonges et la passe de Malpertuis.

Lorsque le Rhône a quitté le territoire de l'Ain, il va baigner Lyon, où il s'augmente d'un tiers en moyenne par le tribut de la Saône ; puis, courant droit au sud, il sépare huit départements, dont quatre situés sur sa rive droite (Rhône, Loire, Ardèche, Gard) et quatre sur sa rive gauche (Isère, Drôme, Vaucluse, Bouches-du-Rhône) ; il baigne Vienne, Valence, Avignon, Arles, et, près de cette dernière ville, se sépare en deux branches inégales : le Grand-Rhône et le Petit-Rhône, qui tombent dans la Méditerranée après avoir enfermé l'île de la Camargue, plaine très-marécageuse, très-malsaine, de 75,000 hectares, qu'il n'est pas impossible de dessécher, d'assainir, de transformer en riches campagnes.

Les eaux courantes du département de l'Ain gagnent le Rhône par la Versoix, le London, la Valserine, la Dorches, le Séran, le Furand, le Gland, la Brivaz, la Perne, l'Ain, le Cotey, la Sereine et la Saône.

La *Versoix* n'a guère que ses sources dans le département de l'Ain : sources magnifiques, qui sont parmi les plus fraîches, les plus abondantes de la France ; elles jaillissent au pied du Mont-Mussy, à Divonne (ce nom, purement celtique, veut dire *fontaine divine*) ; profondes seulement d'un mètre, elles donnent *mille* litres par seconde d'une eau qui n'a que 6 degrés et demi. Sans preuves suffisantes, et même contre les probabilités, on a prétendu que les fontaines de Divonne étaient alimentées souterrainement par le lac des Rousses, nappe d'eau située à 1,075 mètres d'altitude, sur un des plateaux du Jura. A peine formée, la Versoix ou Divonne se divise en deux bras : l'un passe aussitôt en Suisse, l'autre coule entre la France et le territoire helvétique, puis va, comme l'autre, se perdre dans le lac Léman.

Le *London* ou *Landon*, torrent qui n'a pas 50 kilomètres de longueur, a ses sources dans les montagnes de Gex et s'achève en Suisse, dans le canton de Genève : le *Lion*, son tributaire, a pour affluent le *Journan*, qui passe à Gex.

La *Valserine*, pittoresque rivière d'une cinquantaine de kilomètres de cours, naît près de la frontière du canton de Vaud (Suisse), dans le département du Jura, et n'entre dans l'Ain qu'à Lélex, où l'altitude de son lit est encore de plus de 900 mètres. Longeant constamment, du nord-nord-est au sud-sud-ouest, le pied occidental de la plus haute chaîne du Jura, elle passe au pied de la colline de Châtillon-de-Michaille, à Bellegarde, et tombe dans le Rhône à une petite distance en aval de la Perte, un peu au-dessous d'un superbe viaduc haut de 52 mètres, long de 250 mètres, construit pour le passage du chemin de fer de Lyon à Genève. A 2 kilomètres en amont de ce viaduc, la Valserine s'engouffre dans un sillon de la roche et y court en bouillonnant l'espace d'environ 400 pas. Ce sillon, nommé la *Perte de la Valserine* (bien qu'il n'y ait pas de perte en réalité), est si étroit que çà et là de simples planches unissent les deux bords ; ces planches ont reçu le nom de *ponts des Oules*, ou des Marmites, et, en effet, sous ces ponts modestes, l'eau du torrent tournoie dans des creux semblables à de grandes marmites. — La *Semine*, principal tributaire de la Valserine, lui apporte ses eaux à Châtillon-de-Michaille ; elle reçoit un petit torrent, du nom de *Combet*, qui est l'écoulement du LAC DE SILAN, petite nappe d'eau située à

595 mètres d'altitude, entre des roches et des monts pittoresques; elle a 2 kilomètres de longueur, 250 mètres de largeur et 54 hectares de superficie.

La *Dorches*, dont l'embouchure est entre le Parc et Seyssel, est célèbre par une haute cascade voisine des belles ruines du château féodal de Dorches.

Le *Séran*, long de 45 kilomètres, commence à l'est de Brenod, laisse à gauche le bourg de Champagne, chef-lieu de canton, bondit de 50 mètres à la *cascade de Cerveyrieu*, croise le chemin de fer de Lyon à Genève et gagne un des bras du Rhône, après avoir coulé dans le marais de Lavours. Il reçoit, près d'Artemare, la magnifique source du *Groin* et l'*Arvière*.

Le *Furand*, qui a plus de 30 kilomètres de cours, naît dans cette curieuse combe des Hôpitaux qui a permis au chemin de fer de Paris à Genève de passer facilement du bassin de l'Albarine dans celui du Rhône : il baigne Rossillon, puis le pied de ce massif de collines qui porte la ville de Belley, et se jette dans le Rhône sans avoir reçu d'autre affluent que l'*Arène* ou *Arane*, ruisseau qui arrose le vallon de Virieu-le-Grand.

Le *Gland*, long de 25 kilomètres à peine, forme, au pied de la montagne de Saint-Benoît, haute de 781 mètres, la célèbre *cascade du Glandieu*, qui tombe de 40 mètres, en aval d'une chute également élevée et pittoresque.

La *Brive* ou *Brivaz*, faible torrent, a son embouchure près de Briord, un peu en amont de celle de la *Perne* ou *Pernaz*, ruisseau qui passe à Serrières.

L'**Ain** méritait de donner son nom à un département, car c'est une rivière abondante, aux eaux pures, qui coule dans une des vallées les plus belles du Jura français. Sur un cours qui dépasse 150 kilomètres et qui n'atteint pas 200, 76 kilomètres appartiennent au territoire de l'Ain : le reste dépend du Jura, où la rivière a sa magnifique source, de beaux et clairs affluents, des gorges superbes dont l'une se nomme la

Perte-de-l'Ain, ses cascades, dont une, celle du *Port-de-la-Saisse*, est large de 132 mètres et haute de 16.

L'Ain entre au confluent de la Bienne dans le département auquel il a donné son nom, mais par la rive gauche seulement pendant une quinzaine de kilomètres, la rive droite appartenant encore au Jura. A partir de la rencontre de la Valouse, ses deux rives sont toutes deux dans le département. Il y coule vers le sud-sud-ouest, d'abord dans des gorges tortueuses, à peu près désertes ou tout au moins n'ayant que des hameaux, quelques villages, pas de bourgs, pas de villes. Au delà de Poncin, au-dessus de Pont-d'Ain, où le traverse la ligne de Bourg à Culoz, ces gorges se transforment en une vallée, et bientôt en une large plaine; seulement la rivière, laissant cette plaine sur sa gauche, suit de près la base des collines qui terminent à l'orient le haut plateau des Dombes. Après avoir passé à 4 kilomètres à l'est de Meximieux, l'Ain se perd dans le Rhône près de Loyettes, un peu en aval du confluent de la Bourbre, rivière dauphinoise, à une trentaine de kilomètres en amont de Lyon. Sa source est à 750 mètres d'altitude, son embouchure à 184. Dans son cours inférieur, sa largeur moyenne est de 97 mètres aux eaux basses, de 121 aux eaux moyennes, de 153 dans les grandes eaux. Son volume varie généralement entre 24 et 560 mètres cubes par seconde, mais il peut descendre au-dessous du premier de ces chiffres et monter au-dessus du second. Dans ses grandes crues, c'est un grand fleuve d'eaux rouges plus considérable que le Rhône lui-même. Il est censé navigable à partir du confluent de la Bienne, c'est-à-dire de l'entrée dans le département, mais une rivière aussi rapide et d'un lit aussi accidenté, ne peut guère porter que de petites barques, et même elle en porte fort peu ; le flottage, au contraire, y est considérable, et de nombreux trains de bois descendent son cours : ces trains de flottage, bois de chêne pour la marine, bois de construction, planches et madriers de sapin, sont destinés à la ville de Lyon.

L'Ain reçoit, dans le département, la Bienne, l'Oignin, la Valouse, le Veyron, le Suran, l'Albarine et le Toison.

La *Bienne*, longue de 70 à 75 kilomètres, est le beau torrent de Morez et de Saint-Claude. Elle appartient presque exclusivement au Jura, et ne dépend de l'Ain que pour 4 ou 5 kilomètres, par la rive gauche seulement, en amont de son embouchure.

L'*Oignin*, qui a plus de 40 kilomètres de développement, parcourt une vallée parallèle à celles de cette portion du Jura ; seulement il n'y coule pas du nord au sud, mais du sud au nord. Né sous le nom de *Borrey*, et grossi du *Valey*, qui vient de la Chartreuse de Meyriat, il recueille successivement le Bras du Lac et l'Ange, laisse à une petite distance à droite l'antique Izernore et forme les belles *cascades de Charmine*. Le *Bras du Lac* est l'écoulement du LAC DE NANTUA, le plus grand du département : ce lac, situé à 475 mètres d'altitude, dans un bassin commandé par des montagnes qui le dominent de 300, de 400, de 500 mètres, a 2,500 mètres de longueur sur 500 à 700 de largeur et 144 hectares de surface ; sa profondeur est de 46 mètres 50 cent. au maximum. L'*Ange* reçoit le ruisseau d'Oyonnax.

La *Valouse*, qui n'a pas moins de 50 kilomètres, est toute entière dans le Jura, sauf pendant les quelques centaines de mètres où elle appartient à l'Ain par sa rive droite : elle a son embouchure au château de Conflans, à quelque distance au-dessus du lieu où l'Ain absorbe le ruisseau des *Cascades de Corveissiat*.

Le *Veyron*, qui se termine au-dessous de Poncin, descend de l'Avocat et tombe par la *cascade de la Coule*, près de la vieille Chartreuse de Préau. Il reçoit le *ruisseau de Cerdon*.

Le *Surand* ou *Suran*, né dans le département du Jura, a, dans l'Ain, les deux tiers d'un cours de 70 à 75 kilomètres ; il n'y arrose guère que des villages, coupe le chemin de fer de Paris à Genève au-dessous de Simandre, et celui de Paris à Culoz près de Pont-d'Ain. A cause de l'étroitesse de son bassin, resserré à droite comme à gauche par le Revermont, c'est une rivière sans affluents ; elle reçoit seulement quelques belles fontaines, et le tribu du *vallon de Drom*, vallon fermé dont les

Nantua.

eaux lui arrivent par un tunnel pratiqué dans le mont Grenier. C'est de Bohas à son embouchure que son cours est le plus rapide, le plus varié, le plus richement accru par le tribu des sources nombreuses.

L'**Albarine**, charmante rivière de 60 kilomètres, qui doit son nom à la blancheur de ses eaux (*alba*, blanche), commence à 940 mètres d'altitude, passe à Brenod et près de Hauteville. Elle reste d'abord sur un plateau où elle coule lentement, avec peu d'abondance. Mais à partir d'Entrepont, hameau tout voisin de Hauteville, elle tombe par une série de cascades qui sont fort belles quand elle est gonflée par les pluies. De ces chutes, qui, d'Entrepont à Tenay, rachètent près de 400 mètres de pente, les plus remarquables sont celles des *Aibruants* (Eaux bruyantes), celle de *Charabotte* ou *cascade de l'Albarine*, haute de 150 mètres et qui tombe en trois bonds. Arrivée à Tenay, l'Albarine s'apaise, tout en restant bien rapide encore. Elle fait mouvoir une multitude de fabriques, tant à Tenay qu'à Saint-Rambert, dans une gorge tortueuse parcourue par le chemin de fer de Paris à Culoz. Elle entre en plaine près d'Ambérieu. Comme le Suran, l'Albarine est sans affluents; mais de très-belles sources l'alimentent abondamment, d'Entrepont à l'issue des gorges.

Le *Toison*, ruisseau des Dombes qui écoule un certain nombre d'étangs, passe à quelque distance au N.-E. de Meximieux.

Des trois autres affluents du Rhône :

Le *Cotey* vient de Faramans et se jette dans un bras du Rhône, appelé l'Aulne, entre Nièvrez et Balan ;

La *Sereine* baigne Montluel ;

La **Saône** est une très-grande rivière longue d'environ 450 kilomètres, qui même en aurait 620 si l'on considérait la rivière du Doubs comme sa véritable origine, et non pas simplement comme son principal tributaire. Née à 396 mètres au-dessus des mers, d'une fontaine des monts Faucilles, dans le département des Vosges, elle coule vers le sud-sud-ouest, d'un cours proverbialement lent, à travers la Haute-Saône, la

Côte-d'Or, Saône-et-Loire, par Gray, Auxonne et Châlon. C'est au confluent de la Seille qu'elle atteint le département de l'Ain, auquel elle n'appartient que par la rive gauche, la rive droite relevant d'abord de Saône-et-Loire, puis du département du Rhône. Pendant les 90 à 100 kilomètres qu'elle borde le territoire de l'Ain, elle serpente, large de 160 à 500 mètres, lente (15 à 40 mètres par seconde, suivant la hauteur des eaux), majestueuse, assez profonde pour être navigable, dans une large vallée de prairies, bordée à l'ouest par les petites montagnes du Mâconnais, du Beaujolais et du Lyonnais, à l'est par un faible rebord qui est le talus de la Bresse, puis de la Dombes. Sa pente, sur ces 90 à 100 kilomètres, n'est guère que de deux mètres.

En général, dans la partie de son cours qui dépend de l'Ain, on s'est bien gardé de bâtir les villages et les bourgades sur le bord même de la Saône, sous la menace constante de ses débordements, et il n'y a guère à citer, dans le voisinage plus ou moins immédiat de la rivière, que quatre centres importants : Saint-Laurent-lès-Mâcon, grosse bourgade, Thoissey, chef-lieu de canton, Montmerle, Trévoux, chef-lieu d'arrondissement. Dès qu'elle a cessé de longer le territoire de l'Ain, elle prend plus de pente, coule avec une certaine rapidité et va s'abîmer à Lyon, par 162 mètres d'altitude, dans le Rhône, auquel elle porte 60 mètres cubes d'eau en temps d'étiage, 4,000 en grandes crues et 250 en eaux moyennes : c'est un peu plus du tiers du volume moyen du Rhône, qu'on estime, à ce même confluent, à 650 mètres cubes par seconde.

Les affluents de la Saône, dans le département de l'Ain, sont la Seille, la Reyssouze, la Veyle, la Chalaronne et le Formans.

La Seille, abondant cours d'eau long de 110 à 120 kilomètres, large de 30 mètres en moyenne, a sa source dans une combe du Jura, et son cours, assez paisible, dans la Bresse, mais pas dans la Bresse de l'Ain, dans celle du Jura. Elle ne touche le département de l'Ain qu'à la fin de son cours, pendant quelques kilomètres. Navigable depuis Louhans, chef-lieu d'arrondissement de Saône-et-Loire elle reçoit, sur sa rive gauche,

deux petites rivières venues de l'Ain : le Solnan et la Sane. —
Le *Solnan*, dont l'embouchure est à Louhans et dont la longueur dépasse 50 kilomètres, naît dans une combe du Revermont, entre Treffort et Coligny, coupe, au moulin des Ponts, le chemin de fer de Besançon à Lyon et laisse à droite, sur une colline, le bourg de Coligny. Il a parmi ses affluents une rivière qui lui est parallèle, le *Sevron*, long d'environ 50 kilomètres : le Sevron sort également d'une combe du Revermont, au sud-ouest de Treffort, et croise aussi la ligne de Besançon à Lyon, à Saint-Étienne-du-Bois. — La *Sane*, rivière de Bresse comme le Sevron et le Solnan, commence à Lescheroux, non loin de la rive droite de la Reyssouze, sous le nom de *Sane-Vive*, par opposition à son tributaire, la *Sane-Morte*, qui a son origine à l'est de Lescheroux. Sane-Vive et Sane-Morte, les deux ruisseaux, dont le cours est parallèle, ne tardent pas à passer dans le département du Jura.

La **Reyssouze**, assez faible rivière de 7 mètres de largeur moyenne, tire son importance de ce qu'elle arrose le chef-lieu du département. Elle a pour origine une source de grande abondance, près de Journans, dans une combe du Revermont. Grossie du ruisseau de Ceyzériat, appelé *Vallière*, elle passe à Brou et à Bourg, et, coulant vers le nord-nord-ouest, à travers la Bresse, va baigner Montrevel ; puis, tournant à l'ouest, elle coule devant Pont-de-Vaux, et gagne la Saône à 3,500 mètres en aval de cette ville, par 170 mètres d'altitude. Son cours atteint 80 kilomètres ; sa pente est en moyenne d'un mètre par kilomètre à partir de Bourg ; sa masse d'eau est faible, et, sans compter la Vallière, il ne reçoit guère qu'un seul gros ruisseau, le *Reyssouzet*, près de Saint-Julien. Un canal navigable, long de 3 kilomètres, accompagne son cours inférieur, de Pont-de-Vaux jusqu'à la Saône.

La **Veyle**, un peu plus courte, un peu plus lente que la Reyssouze, lui est assez exactement parallèle, car elle coule d'abord vers le nord-nord-ouest, puis vers l'ouest, mais elle ne commence pas comme la rivière de Bourg dans une combe du Revermont. Elle naît sur le plateau de Dombes, à une assez faible distance de la rive droite de l'Ain (mais à une altitude beaucoup plus grande que le cours de cette rivière dans cette partie de sa vallée), à 500 mètres environ au-dessus des mers. Elle ne baigne qu'une seule ville, Pont-de-Veyle, et se perd dans la Saône par deux bras, presque en face de Mâcon. Elle reçoit les déversoirs de beaucoup d'étangs : l'*Irance*, augmentée du *Vieux-Jonc;* le *Renom;* la *Petite-Veyle*, et le *Menthon* : le Renom a plus de 40 kilomètres.

La *Chalaronne*, longue de plus de 50 kilomètres, sort du plus grand étang des Dombes, l'étang du Grand-Birieux, vaste de 316 hectares et situé à 288 mètres d'altitude. Il y a aussi un certain parallélisme entre son cours et ceux de la Reyssouze et de la Veyle, mais elle est plus rapide que l'une et l'autre de ces deux rivières. La Chalaronne passe au beau milieu de la Dombes, constamment grossie par le tribut des étangs; elle baigne Villars, Châtillon, recueille le *Moignans*, ruisseau venu de Saint-Trivier, et s'unit à la Saône près de Thoissey.

Le *Formans*, qui descend du plateau de la Dombes, passe à côté de Trévoux.

IV. — Climat.

Si le climat d'un pays ne dépendait que de la latitude, le département de l'Ain serait tempéré, puisqu'il est coupé par le 46e degré, et que par conséquent il n'est pas beaucoup plus loin de l'Équateur que du Pôle. Mais l'altitude des lieux habités a sur le climat une influence plus considérable encore que la plus ou moins grande distance du Pôle ou de l'Équateur. Plus un endroit est élevé, plus il est froid en moyenne et plus il est soumis à de brusques changements de température. D'autre part, il faut tenir aussi grand compte de la direction des vallées, de l'exposition aux divers vents, de la nature du sol.

Tout l'est et, en partie, le centre du département sont faits de montagnes, dont quelques-unes fort hautes; aussi les lieux habités y sont-ils généralement froids ou très-froids suivant leur altitude; l'hiver y est long, les neiges abondantes, la vie dure, sauf dans les vallées abritées et basses. L'ouest est peu élevé au-dessus des mers, mais, dans le sud de cette seconde moitié du département, dans la Dombes, le sol est compacte, les étangs sont innombrables, et cela suffit pour que le climat y soit humide, froid, désagréable et malsain. Quant à la partie du nord, à la Bresse, d'ailleurs plus basse que la Dombes, la température y est plus chaude, moins humide, moins capricieuse que dans le pays des étangs; et il y a une telle différence entre son climat et celui des hauts plateaux du Bugey ou des hautes montagnes du pays de Gex, qu'on croirait la Bresse extrêmement éloignée, dans la direction du sud, de la plupart des communes des arrondissements de Gex, de Belley, de Nantua.

Avec la Bresse, les lieux les plus tempérés du département sont ceux qui se trouvent à l'est ou dans le sud, sur les bords du Rhône, sur le cours inférieur des affluents de ce fleuve, la plaine qu'arrose l'Ain, de Pont-d'Ain jusqu'à Loyettes, enfin le rivage de la Saône.

Une circonstance contribue à empirer le climat d'une foule de lieux habités du département, la direction des vallées, qui presque toutes sont plus ou moins ouvertes du nord au sud, ou du sud au nord ou au nord-ouest, et qui par conséquent sont très-accessibles aux vents du nord qui règnent dans la contrée 7 mois sur 12.

Bourg, dont le climat n'exprime point la moyenne du pays, — l'ensemble du département étant bien plus froid en moyenne que son chef-lieu, — Bourg a 120 jours de pluie, la Bresse 65 jours de gelée et 27 jours de tonnerre par an; les hivers y sont un peu plus rudes qu'à Paris et, en revanche, les étés plus chauds. La température minima a été de — 23° (1879-1880) et la température maxima + 39 (1870-1871). La hauteur moyenne du baromètre est de 740 millimètres.

En somme, l'Ain appartient au *climat rhodanien*, l'un des sept entre lesquels on partage habituellement la France : climat brusque, de la classe de ceux qu'on nomme continentaux parce que les pays où ils règnent sont éloignés de la mer, qui égalise et adoucit les températures. La température moyenne, de 11°, est d'un demi-degré environ plus élevée que celle de Paris.

Si toute l'eau tombée du ciel pendant l'année, pluie ou neige, restait sur le sol sans être bue par la terre ou pompée par le soleil, on recueillerait, dans les douze mois, à Bourg, une nappe d'eau de 1^{m}10 de profondeur. La hauteur des pluies est de 1^{m}20 à Jasseron et de 1^{m}37 à Poncin; or la moyenne des pluies, dans toute la France, n'est que de 77 centimètres. Le département de l'Ain est une des régions de la France qui reçoivent le plus de pluie. — Le département possède 17 stations d'observations météorologiques, disséminées sur divers points de son territoire.

V. — Curiosités naturelles.

La partie orientale du département de l'Ain est par la variété de ses sites une des régions les plus pittoresques de la France. Vallées où des rivières limpides se précipitent en cascades entre des murailles rocheuses percées de grottes; lacs dans des sites austères; admirables forêts de sapins; pâturages alpestres : toutes les beautés (sauf les glaciers) de la Suisse, sa voisine, sont réunies dans cette charmante contrée.

La vallée supérieure de l'Albarine, une des plus curieuses de la France, est célèbre entre toutes par les *cascades* de Charabotte et des Aibruants et surtout par la quadruple chute de l'Albarine, la plus belle du Jura. Parmi les autres cascades, il faut citer : celle du Furand, à Rossillon; celle de Cerveyrieu, formée par le Seran, près d'Artemare; celle de la Coule, par laquelle tombe le Veyron, près de Poncin; celle de Ceyzériat : cascades toutes fort belles et pourtant moins visitées que la Perte du Rhône et la Perte de la Valserine, près de Bellegarde.

Les plus belles *grottes* sont : celles d'Hautecour, de Charabotte et de Corveissiat; du Parc, près de Surjoux; des Ouilles; la grotte de la Balme, ouverte dans la colline isolée qui porte le fort de Pierre-Châtel; la grotte de Bramabœuf, entre

Bellegarde et Châtillon-de-Michaille, et celle de Ceyzériat.

Les *lacs* les plus connus sont ceux de Nantua, de Genin et de Silan.

Parmi les autres curiosités du département, toutes indiquées, du reste, dans le Dictionnaire des communes qui termine le volume, il faut mentionner les puits naturels de la vallée de Drom, celui du Groin, près de Vieu, et enfin les admirables panoramas qu'offrent les principales montagnes.

VI. — Histoire.

Le département de l'Ain est formé de cinq petits pays de l'ancienne Bourgogne : la *Bresse*, le *Bugey*, les *Dombes*, le *pays de Gex* et le *Valromey* dont l'ancienne capitale, Châteauneuf, n'est plus aujourd'hui qu'un simple hameau de Songieu. C'est la nature qui a indiqué ces divisions. L'extrémité sud du Jura s'avançant comme une péninsule entre le Rhône et l'Ain, c'est le Bugey; la vallée de l'Ain, le plateau qui de l'Ain s'étend jusqu'aux bords de la Saône, c'est la Bresse, pays fertile, et (au sud) la Dombes, le pays des étangs. Ces pays ont eu de tout temps des rapports nécessaires; mais la Bresse et le Bugey présentent une grande dissemblance de mœurs et d'usages.

A l'époque gauloise, le Bugey était habité par les *Séquanes*, ce peuple si puissant qui occupait toute la chaîne du Jura; les *Ambares* habitaient la vallée de l'Ain. C'est dans ce pays qu'en l'année 58 av. J.-C. Jules César porta les premiers coups aux Helvètes, qui voulaient traverser en masse la Gaule pour aller s'établir chez les Santons (en Saintonge). Le proconsul avait massé ses troupes sur les hauteurs de Sathonay, et atteignit en amont de Trévoux (à ce qu'on croit, près du hameau de *Bruyères*), au moment où ils s'apprêtaient à franchir la Saône, les Tigurins, qui formaient l'arrière-garde des émigrants. Les Helvètes repoussés, le libérateur du pays ne tarde pas à en devenir le maître, et la colonisation romaine fit de rapides progrès, surtout dans le Bugey, où se trouvait la ville gauloise d'*Izar-*

Tombeau de Marguerite d'Autriche à l'église de Brou

nodorum (Izernore), agrandie et embellie par les conquérants.

Des voies romaines sillonnèrent le pays dans tous les sens. L'une allait de Lyon à Mâcon par la rive gauche de la Saône; une autre, à Genève et à Besançon en suivant la rive droite du Rhône. Cette dernière se bifurquait à Montluel : une branche traversait l'Ain à la hauteur de Chazey, passait à Belley et à Seyssel, où elle traversait le Rhône, et continuait jusqu'à Genève. Les archéologues ont reconnu et étudié beaucoup de débris antiques, — cippes, autels, tombeaux, vases, — à Seyssel, à Brou, à Montmerle, à Gex, et surtout à Belley, Briord, Vieu, qui avaient des temples et des édifices remarquables. Deux aqueducs sont assez bien conservés, l'un à Vieu, l'autre à Groslée. A Izernore subsistent trois piliers d'un temple, décorés de colonnes corinthiennes : ce temple a donné lieu à de nombreuses et savantes discussions. Belley (*Bellica*) commençait aussi à grandir à l'époque gallo-romaine, si bien qu'il s'y trouvait déjà un évêque lors du concile d'Orléans, en 511.

Après la chute de l'empire romain, le territoire du département actuel de l'Ain fut occupé par les *Burgondes* et fit partie du grand royaume fondé par ces barbares plus pacifiques que les autres. C'est à *Ambérieu* qu'aurait été faite, paraît-il, la rédaction de deux titres de la loi Gombette (ou loi de Gondebaud), promulguée à Lyon en 507 par Sigismond. Deux fils de Clovis, Clotaire et Childebert, soumirent la Bourgogne (534), et le pays entra ainsi dans le vaste royaume des Francs. Par leur situation, la Bresse, le Bugey, les Dombes, qui commençaient à porter ces noms d'origine germanique, échappaient aux grands mouvements de peuples. Mais ils étaient sur la limite des grandes vallées, et les Sarrasins, les Hongrois même arrivèrent jusqu'à eux pour y exercer leurs ravages.

Dans le démembrement de l'empire de Charlemagne, ces pays échurent au fils aîné de Louis le Débonnaire, l'empereur Lothaire, puis, après sa mort, à Charles le Chauve. Celui-ci en forma un duché qui, avec Lyon, fut donné à Boson et devint l'origine du deuxième royaume de Bourgogne, possédé par les descendants de Boson jusqu'à Rodolphe III le Fainéant. Ce der-

Tombeau de Philibert le Beau, à l'église de Brou.

nier laissa ses états, désignés dès lors sous le nom de royaume d'Arles, à l'empereur Conrad le Salique (1033) ; de là, l'origine des droits que les Césars allemands revendiquèrent sans cesse sur ces pays. Mais la puissance des empereurs d'Allemagne tomba avec Frédéric II ; tout lien avec l'empire fut rompu, et l'on ne vit plus dans la Bresse, les Dombes et le Bugey, que des grands fiefs formés déjà depuis longtemps : seigneuries de Baugé, de Villars, de Coligny. Les sires de *Thoire* principalement jouissaient de prérogatives souveraines et du droit de battre monnaie ; ils construisirent des châteaux sous les murs desquels vinrent s'abriter des populations, Montréal, Arbent, Brion, Blye, Villars dans les Dombes, Poncin, la plus belle des résidences seigneuriales du Bugey, le siége de leur chambre des comptes. Les Thoire s'allièrent aux Villars, et alors commença la famille des Thoire-Villars. Les sires de *Coligny* comptaient parmi les plus puissants, et leur famille devait plus tard s'illustrer par d'éclatants services rendus à la France (Jacques de Coligny, prévôt de Paris ; Gaspard de Coligny, maréchal de France ; l'amiral de Coligny, son fils, qui l'a fait oublier). Il faudrait citer encore, pour avoir un tableau exact de la féodalité en ces provinces, les seigneurs de Gex, les évêques de *Belley*, princes du Saint-Empire, les abbés de *Saint-Rambert*, d'*Ambronay*, de *Nantua*. Peu de pays d'ailleurs possédèrent plus de prieurés et d'abbayes : la chartreuse de *Portes* attira par sa renommée saint Bernard et Louis le Jeune, qui gravirent les sentiers escarpés de ses hautes montagnes. Un certain nombre de villages des Dombes qui, des seigneurs de Villars, puis des sires de Beaujeu, passèrent à l'Église de Lyon, obtinrent de conserver leurs anciennes franchises et formèrent une petite enclave qui subsista jusqu'à la Révolution sous le nom de *Franc-Lyonnais*. Les communes actuelles de Genay et de Saint-Didier-de-Formans, dans le département de l'Ain, en faisaient partie.

En 1292, la seigneurie de Baugé ayant passé dans la maison de Savoie, les princes de cette maison étendirent peu à peu leur domination sur la Bresse et le Bugey. Les Dombes restèrent en dehors et, des seigneurs de Beaujeu, des seigneurs de

Trévoux.

Thoire-Villars, passèrent au connétable de Bourbon. Confisquées après la trahison du connétable et données à Louise de Savoie, mère de François Iᵉʳ, les Dombes furent rendues à Louis de Bourbon-Montpensier et passèrent par mariage dans la famille d'Orléans ; la grande Mademoiselle donna les Dombes au duc du Maine, et le second fils du duc du Maine céda la principauté à Louis XV en échange d'autres terres.

Ainsi les Dombes n'avaient pas cessé d'appartenir à des seigneurs et à des princes français. La Bresse et le Bugey, le pays de Gex, après être restés près de trois siècles sous la domination de la maison quasi-française de Savoie, furent cédés à la France par le traité de Lyon du 17 janvier 1601, obtenu par la fermeté et l'habileté de Henri IV.

Les rois respectèrent les privilèges de ces petits pays qui ne pouvaient leur porter ombrage. Ainsi la principauté de Dombes conserva jusqu'en 1771 son parlement, qui datait de 1523 ; les privilèges du Franc-Lyonnais furent encore confirmés par Louis XV en 1716. Trévoux avec son parlement possédait un hôtel des monnaies et s'était fait une réputation dans le monde des lettres par l'imprimerie qui fit paraître le fameux *Dictionnaire de Trévoux*, puis par le Journal de publications des jésuites. La première édition du Dictionnaire est de l'année 1704.

VII. — Personnages célèbres.

Quatorzième siècle. — Pierre de la Palu (1277-1342), patriarche de Jérusalem, né à Varambon.

Quinzième siècle. — Le cardinal Louis Aleman (1390-1450), un des présidents du concile de Bâle, né à Arbent. — Philibert II, duc de Savoie (1480-1504), né à Pont-d'Ain. — Louise de Savoie (1476-1531), née à Pont-d'Ain.

Seizième siècle. — Coligny (Gaspard de), maréchal de France sous François Iᵉʳ, mort en 1522. (Son fils, le célèbre amiral de Coligny, est né dans l'Orléanais.)

Dix-septième siècle. — Bachet de Méziriac (1581-1638), poète érudit, né à Bourg. — Le P. Paul Hoste (1652-1700), jésuite, ingénieur naval, né à Pont-de-Veyle. — Claude Favre de Vaugelas (1585-1650), né à Meximieux, grammairien. — Ozanam (1640-1717), mathématicien, né à Bouligneux.

Dix-huitième siècle. — Lalande (1732-1807), astronome, une des gloires scientifiques de la France, né à Bourg-en-Bresse. — Lépine, horloger célèbre, né à Chalex en 1720. — Carra (1743-1793), conventionnel, né à Pont-de-Veyle, fut proscrit avec les Girondins et périt sur l'échafaud. — Joubert (1769-1799), né à Pont-de-Vaux, général des armées de la République. En 1798, il s'efforça vainement d'arrêter la retraite de l'armée française, pressée par les Russes de Souwaroff. Il fut tué à la bataille de Novi (15 août 1799). — Philippe de la Salle ou de Lassalle, mécanicien (1723-1804), né à Seyssel.

Dix-neuvième siècle. — L'abbé Émery (1732-1811), né à Gex, célèbre par sa courageuse résistance aux volontés despotiques de Napoléon lors de la réorganisation de l'Église en France et du divorce de l'empereur. — Brillat-Savarin, né à Belley (1755-1826), magistrat et spirituel auteur de la *Physiologie du goût*. — Amédée Girod de l'Ain (1781-1847), magistrat et homme politique, né à Gex. — Baudin (1801-1851), médecin, homme politique, né à Nantua, tué aux barricades à Paris. — Joseph Récamier (1774-1852), médecin, né à Cressin. — Edgar Quinet (1803-1875), écrivain et homme politique, né à Bourg. — Mgr Plantier (1813-1875), évêque de Nîmes, écrivain et orateur distingué, né à Ceyzérieu. — Amédée Bonnet (1809-1858), médecin, né à Ambérieux. — Louis Desnoyers (1805-1868), publiciste, né à Replonges. — Sappey, médecin, né à Bourg en 1810. — Robin, savant médecin 1821-1885). — Tony Révillon, publiciste, né à Saint-Laurent-les-Mâcon en 1832.

VIII. — Population, langue, culte, instruction publique.

La *population* s'élève, d'après le recensement de 1881, à 363,472 hab. A ce point de vue, c'est le 43ᵉ départ. Le chiffre des hab. divisé par celui des hect. donne environ 63 hab. pour 100 hect. ou par kil. carré : c'est ce qu'on nomme la *population spécifique.* Sous ce rapport, c'est le 40ᵉ départ.

Depuis 1801, date du premier recensement officiel opéré en France, le département de l'Ain a gagné 66,401 habitants.

Le patois de la Bresse est, comme ceux de la Bourgogne et de la Franche-Comté, dérivé des langues celtique et romane. La prononciation varie suivant les cantons et le caractère des habitants, dont les uns s'expriment avec lenteur et les autres avec vivacité. Mais on retrouve une certaine harmonie, de l'esprit et de la naïveté dans ce patois qui, du reste, diparaît peu à peu devant les progrès du français. — Il faut mentionner l'élégant et pittoresque costume des Bressanes comprenant : un petit chapeau plat en feutre noir, orné de rubans, de galons d'or ou d'argent et de dentelles; et une robe de drap à haute taille. Malheureusement ce costume disparaît chaque année.

Presque tous les habitants sont catholiques : on ne compte que 1900 protestants et une vingtaine d'israélites.

Le nombre des *naissances* a été, en 1884, de 7,797 (plus 520 mort-nés); celui des *décès*, de 7,110; celui des *mariages*, de 2,456.

La *vie moyenne* est de 37 ans 6 mois.

Le *lycée* de Bourg a compté, en 1881-1882, 421 élèves; les *collèges communaux* de Nantua et de Pont-de-Vaux, 185; les *collèges ecclésiastiques* de Thoissey et de Ferney, 315; les *institutions secondaires libres*, 70; en 1883-84, 974 *écoles primaires*, 61,558; 73 *écoles maternelles*, 5,946; 330 *cours d'adultes hommes*, 5,496 auditeurs; 43 *cours d'adultes femmes*, 628.

Le recensement des 5,234 jeunes gens de la classe de 1883 a donné les résultats suivants :

```
Ne sachant pas lire. . . . . . . . . . . . .    124
Sachant au moins lire . . . . . . . . . .  5,074
Dont on n'a pu vérifier l'instruction . . . . .   36
```

Sur 39 accusés de crime en 1881, on a compté :

```
Accusés ne sachant ni lire ni écrire. . . . . . .   12
    — sachant lire et écrire. . . . . . . . .       26
    — ayant reçu une instruction supérieure .       1
```

IX. — Divisions administratives.

Le département de l'Ain forme le diocèse de Belley (suffragant de Besançon) ; — les 7ᵉ et 8ᵉ subdivisions (Bourg-Belley) du 7ᵉ corps d'armée (Besançon) et la 25ᵉ brigade de la 15ᵉ division. — Il ressortit : à la Cour d'appel de Lyon ; — à l'Académie de Lyon ; — à la 7ᵉ légion *bis* de gendarmerie (Bourg) ; — à la 5ᵉ inspection des ponts et chaussées ; — à la 17ᵉ conservation des forêts (Mâcon) ; — à l'arrondissement minéralogique de Châlon (division du Nord-Est) ; — à la 6ᵉ région agricole (Est). — Il comprend 5 arrondissements (Belley, Bourg, Gex, Nantua, Trévoux), 36 cantons, 455 communes.

Chef-lieu du département : BOURG.

Chefs-lieux d'arrondissement : BELLEY, BOURG, GEX, NANTUA, TRÉVOUX.

Arrondissement de Belley (9 cant. ; 116 com. ; 127,563 hect. 79,864 h.).
Canton d'Ambérieu (8 com. ; 10,216 hect. ; 8,046 h.) — Abergement de Varey (L') — Ambérieu — Ambronay — Bettant — Château-Gaillard — Douvres — Saint-Denis-le-Chosson — Saint-Maurice-de-Rémens.
Canton de Belley (24 com. ; 20,557 hect. ; 17,259 h.) — Ambléon — Andert — Arbignieu — Belley — Brégnier — Brens — Chazey-Bons-Colomieu — Conzieu — Cressin-Rochefort — Izieu — Lavours — Magnieu — Massignieu — Murs — Nattages — Parves — Peyrieu — Pollieu — Prémeyzel — Saint-Boys — Saint-Champ — Saint-Germain-les-Paroisses — Virignin.
Canton de Champagne (18 com. ; 14,158 hect. ; 7,222 h.) — Béon — Brénaz — Champagne — Charancin — Chavornay — Fitignieu — Lilignod — Lochieu — Lompnieu — Luthézieu — Passin — Ruffieu — Songieu — Sutrieu — Talissieu — Vieu — Virieu-le-Petit — Yon-Artemare.
Canton d'Hauteville (9 com. ; 13,849 hect. ; 4,608 h.) — Aranc — Corlier — Cormaranche — Hauteville — Lacoux — Lompnes — Longecombe — Prémillieu — Thézillieu.
Canton de Lagnieu (14 com. ; 17,165 hect. ; 11,498 h.) — Ambutrix — Blyes — Chazey-sur-Ain — Lagnieu — Lévment — Loyettes — Proulieu — Saint-Sorlin — Saint-Vulbas — Sainte-Julie — Sault-Brénaz (Le) — Souclin — Vaux — Villebois.
Canton de Lhuis (12 com. ; 15,746 hect. ; 7,130 h.) — Bénonces —

Briord — Groslée — Innimont — Lhuis — Lompnas — Marchamp — Montagnieu — Ordonnaz — Saint-Benoît — Seillonnaz — Serrières-de-Briord.

Canton de Saint-Rambert (12 com.; 15,182 hect.; 10,849 h.) — Arandas — Argis — Chaley — Cleyzieu — Conand — Évosges — Hostiaz — Montgriffon — Oncieu — Saint-Rambert — Tenay — Torcieu.

Canton de Seyssel (5 com.; 9,820 hect.; 5,797 h.) — Anglefort — Chanay — Corbonod — Culoz — Seyssel.

Canton de Virieu-le-Grand (14 com.; 10,872 hect.; 7,450 h.) — Armix — Belmont — Ceyzérieu — Cheignieu-la-Balme — Contrevoz — Cuzieu — Flaxieu — Laburbanche — Marignieu — Pugieu — Rossillon — Saint-Martin-de-Bavel — Virieu-le-Grand — Vongnes.

Arrondissement de Bourg (10 cant.; 120 com.; 160,328 hect.; 126,105 h.).

Canton de Bâgé-le-Châtel (11 com.; 11,871 hect.; 12,242 h.) — Asnières — Bâgé-le-Châtel — Bâgé-la-Ville — Dommartin — Feillens — Manziat — Replonges — Saint-André-de-Bâgé — Saint-Laurent — Saint-Sulpice — Vésines.

Canton de Bourg (14 com.; 23,745 hect.; 29,615 h.) — Bourg — Buellas — Lent — Montagnat — Montcet — Montracol — Péronnas — Polliat — Saint-André-le-Panoux — Saint-Denis — Saint-Just — Saint-Rémy — Servas — Viriat.

Canton de Ceyzériat (14 com.; 12,811 hect.; 7,699 h.) — Bohas — Ceyzériat — Cize — Drom — Grand-Corent — Hautecour — Jasseron — Meyriat — Ramasse — Revonnas — Rignat — Romanèche — Simandre — Villereversure.

Canton de Coligny (9 com.; 13,781 hect.; 9,710 h.) — Beaupont — Bény — Coligny — Domsure — Marboz — Pirajoux — Salavre — Verjon — Villemotier.

Canton de Montrevel (15 com.; 19,250 hect.; 14,872 h.) — Attignat — Béréziat — Confrançon — Cras — Curtafond — Étrez — Foissiat — Jayat — Malafretaz — Marsonnas — Montrevel — Saint-Didier-d'Aussiat — Saint-Martin-le-Châtel.

Canton de Pont-d'Ain (11 com.; 17,519 hect.; 10,147 h.) — Certines — Dompierre — Druillat — Journans — Neuville-sur-Ain — Pont-d'Ain — Priay — Saint-Martin-du-Mont — Tossiat — Tranclière (La) — Varambon.

Canton de Pont-de-Vaux (12 com.; 13,475 hect.; 12,179 h.) — Arbigny — Boissey — Boz — Chavannes-sur-Reyssouze — Chevroux — Gorrevod — Ozan — Pont-de-Vaux — Reyssouze — Saint-Bénigne — Saint-Étienne-sur-Reyssouze — Sermoyer.

Canton de Pont-de-Veyle (12 com.; 11,493 hect.; 9,419 h.) — Bey — Cormoranche — Crottet — Cruzilles-lez-Mépillat — Grièges — Laiz — Perrex — Pont-de-Veyle — Saint-André-d'Huiriat — Saint-Cyr-sur-Menthon — Saint-Genis-sur-Menthon — Saint-Jean-sur-Veyle.

Canton de Saint-Trivier-de-Courtes (12 com.; 18,146 hect.; 11,793 h.) — Cormoz — Courtes — Curciat-Dongalon — Lescheroux — Mantenay —

Saint-Jean-sur-Reyssouze — Saint-Julien-sur-Reyssouze — Saint-Nizier-le-Bouchoux — Saint-Trivier-de-Courtes — Vernoux — Vescours.
Canton de Treffort (12 com.; 17,552 hect ; 8,459 h.) — Arnans — Chavannes-sur-Suran — Corveissiat — Courmangoux — Cuisiat — Germagnat — Meillonnas — Pouillat — Pressiat — Saint-Étienne-du-Bois — Saint-Maurice-d'Échazeaux — Treffort.

Arrondissement de Gex (3 cant.; 31 com.; 59,845 hect.; 21,149 h.).
Canton de Ferney-Voltaire (9 com ; 7.772 hect.; 5,142 h.) — Ferney-Voltaire — Moëns — Ornex — Pouilly-Saint-Genis — Prévessin — Sauverny — Sergy — Thoiry — Versonnex.
Canton de Ferney (9 com.; 7,772 hect.; 5,142 h.) — Ferney — Moëns — Ornex — Pouilly-Saint-Genis — Prévessin — Sauverny — Sergy — Thoiry — Versonnex.
Canton de Gex (11 com.; 18,258 hect.; 7.854 h.) — Cessy — Chevry — Crozet — Divonne — Échenevex — Gex — Grilly — Lélex — Segny — Vesancy — Vésenex.

Arrondissement de Nantua (6 cant.; 74 com.; 87,674 hect.; 49,959 h.).
Canton de Brénod (12 com.; 19,920 hect.; 6,214 hab.) — Brénod — Champdor — Chevillard — Condamine-la-Doye — Corcelles — Grand-Abergement — Hotonnes — Izenave — Lantenay — Outriaz — Petit-Abergement — Vieu-d'Izenave.
Canton de Châtillon-de-Michaille (17 com.; 14,995 hect.; 9,671 h.) — Arlod — Billiat — Champfromier — Châtillon-de-Michaille — Craz — Forens — Giron — Hôpital-sur-Dorche (L') — Injoux — Montanges — Musinens-et-Bellegarde — Ochiaz — Plagnes — Saint-Germain-de-Joux — Surjoux — Villes — Vouvray.
Canton d'Izernore (14 com.; 14,144 hect.; 5,328 h.) — Bolozon — Ceignes — Challes-la-Montagne — Granges — Izernore — Leyssard — Montalelon — Mornay — Napt — Peyriat — Samognat — Serrières-sur-Ain — Sonthonnax-la-Montagne — Volognat.
Canton de Nantua (12 com., 14,694 hect.; 9,045 h.). — Apremont — Brion — Charix — Geovreissiat — Lalleyriat — Maillat — Montréal — Nantua — Neyrolles — Poisat (Le) — Port — Saint-Martin-du-Fresne.
Canton d'Oyonnax (11 com.; 13,964 hect.; 9.704 h.) — Arbent — Bélignat — Belleydoux — Bouvent — Dortan — Échallon — Geovreisset — Groissiat — Martignat — Oyonnax — Veyziat.
Canton de Poncin (8 com.; 9,957 hect.; 9,977 h.) — Cerdon — Jujurieux — Labalme — Merignat — Poncin — Saint-Alban — Saint-Jean-le-Vieux — Saint-Jérôme.

Arrondissement de Trévoux (8 cant.; 112 com.; 139,583 hect.; 86,415 h.).
Canton de Chalamont (8 com.; 12,925 hect.; 5,464 h.) — Chalamont

— Châtenay — Châtillon-la-Palud — Crans — Plantay (Le) — Saint-Nizier-le-Désert — Versailleux — Villette.

Canton de Châtillon-sur-Chalaronne (16 com.; 24,959 hect.; 15,119 h.) — Abergement-Clémenciat (L') — Biziat — Chanoz-Châtenay — Châtillon-sur-Chalaronne — Chaveyriat — Condeissiat — Mézériat — Neuville-les-Dames — Romans — Saint-André-le-Bouchoux — Saint-Georges-sur-Renon — Saint-Julien-sur-Veyle — Sandrans — Sulignat — Vandeins — Vonnas.

Canton de Meximieux (13 com.; 17,521 hect.; 8,717 h.) — Bourg-Saint-Christophe — Charnoz — Faramans — Joyeux — Loyes — Meximieux — Mollon — Montellier (Le) — Pérouges — Rignieux-le-Franc — Saint-Éloi — Saint-Jean-de-Niost — Saint-Maurice-de-Gourdans.

Canton de Montluel (16 com.; 19,423 hect.; 14,011 h.) — Balan — Béligneux — Beynost — Boisse (La) — Bressolles — Cordieux — Dagneux — Miribel — Montluel — Neyron — Niévroz — Pizay — Rillieux — Saint-Maurice-de-Beynost — Sainte-Croix — Thil.

Canton de Saint-Trivier-sur-Moignans (15 com.; 19,287 hect.; 9,454 h.) — Amareins — Ambérieux — Baneins — Cesseins — Chalein — Chancins — Fareins — Francheleins — Lurcy — Messimy — Relevant — Saint-Trivier-sur-Moignans — Sainte-Olive — Savigneux — Villeneuve.

Canton de Thoissey (13 com.; 9,881 hect., 11,960 h.) — Dompierre-sur-Chalaronne — Garnerans — Genouilleux — Guéreins — Illiat — Mogneneins — Montceaux — Montmerle-sur-Saône — Peyzieux — Saint-Didier-sur-Chalaronne — Saint-Étienne-sur-Chalaronne — Thoissey — Valeins.

Canton de Trévoux (22 com.; 18,968 hect.; 16,505 h.) — Ars — Beauregard — Civrieux — Frans — Genay — Jassans — Massieux — Mionnay — Misérieux — Montanay — Parcieux — Rancé — Reyrieux — Saint-André-de-Corcy — Saint-Bernard — Saint-Didier-de-Formans — Saint-Jean-de-Thurigneux — Saint-Marcel — Sainte-Euphémie — Sathonay — Tramoyes — Trévoux.

Canton de Villars (9 com.; 14,450 hect.; 5,185 h.) — Birieux — Bouligneux — Chapelle-du-Châtelard (La) — Lapeyrouse — Marlieux — Monthieux — Saint-Germain-de-Renon — Saint-Paul-de-Varax — Villars.

X. — Agriculture.

Sur les 579,897 hectares de l'Ain, on compte :

Terres labourables.	266,689 hectares.
Prés.	66,402
Vignes.	15,000
Bois.	130,408
Pâturages et pacages.	30,000
Terres incultes.	9,417
Superficies bâties, étangs, voies de transport, etc.	61,461

On comptait en 1881, dans le département de l'Ain, 17,602 chevaux (surtout dans la Dombes), 3,096 ânes, 705 mulets, 210,547 animaux de l'espèce bovine (les bœufs sont élevés surtout pour la consommation de Lyon), 55,112 moutons (ayant donné en 1881, 48,956 kilogrammes de laine, d'une valeur de 135,118 francs), y compris le troupeau de mérinos de Naz, près de Gex; 51,677 porcs et 19,480 chèvres. Les porcs gras de la Bresse sont renommés et fort recherchés par les marchands qui fréquentent les importantes foires du département. Le lait des vaches sert à la fabrication de plus de 12 millions de kilogrammes de *fromages* façon gruyère ou bleu, persillés de Gex, produits principalement par les nombreuses *fromageries*, chalets ou fruitières des arrondissements de Nantua et de Belley. Mais le département est surtout renommé pour ses *volailles* de Bresse, à la chair délicate, pour les oies et les dindons de la Dombes, dont l'exportation est considérable. Enfin le département renferme 21,099 *ruches*, ayant produit, en 1881, 145,575 kilogrammes de miel et 24,180 de cire. La sériciculture est en décadence : on n'a récolté en 1884 que 11,042 kilogrammes de cocons.

Le département de l'Ain, où 250,000 individus vivent directement ou indirectement de l'agriculture, est essentiellement agricole : il a produit en 1884, 1,702,601 hectolitres de froment (presque le double de sa consommation), 88,880 hectolitres de méteil, 99,288 de seigle; 99,552 hectol. d'orge, 287,599 de sarrazin, 530,920 de maïs, 3,340 de millet, 426,360 d'avoine, 1,445,824 de pommes de terre, 755,675 quintaux de betteraves fourragères, 7,275 quintaux de chanvre (filasse), 60,016 de graines de colza, 2,020,400 de foin, 410,752 de trèfle, 90,100 de luzerne, 141,575 de sainfoin, 544,150 hectol. de vin, 1,370 hectol. de cidre (en 1883) et 255,225 mètres cubes de bois. La récolte la plus importante est donc celle du blé.

Le département de l'Ain n'a pas de ferme-école; mais l'établissement agricole de la *Providence de Seillon* recueille les enfants pauvres, abandonnés ou orphelins, dont on fait de bons valets de fermes et d'habiles jardiniers. — Dans le but d'améliorer la race chevaline, destinée surtout au labour, 47 étalons, de race anglo-normande, ont été répartis dans quinze dépôts, et une société hippique organise chaque année, à Châtillon-sur-Chalaronne, des courses de chevaux et des concours et distribue des récompenses.

La partie orientale du département, très montagneuse, offre d'excellents pâturages, de belles forêts de sapins et des vignes. Dans le sud, les productions consistent en vins, fruits, légumes, *grains de* toute espèce : blé, avoine, seigle, orge, méteil, maïs, sarrasin, colza, etc.; mais les grains et les céréales se récoltent en bien plus grande quantité dans la Bresse, la contrée la plus fertile et la mieux cultivée du département. Les bords de la Saône, les bassins de la Reyssouze et de la Chalaronne sont recouverts de prairies luxuriantes; le Bas-Bugey et la Michaille produisent des *truffes* noires estimées.

Les environs de Pont-de-Vaux produisent de très beau *chanvre*. Le pays de l'Ain le moins favorisé de la nature, mais le plus intéressant au point de vue des améliorations agricoles, est la Dombes. Ce pays, qui ne renfermait jadis que quelques bois, des champs de seigle et d'avoine, produit aujourd'hui une assez grande quantité de froment.

Le plateau de la Dombes (100,000 hectares), de 200 à 300 mètres d'altitude, est couvert d'amas de cailloux roulés : ce sont en majeure partie des quartzites provenant des Alpes; ils ont été charriés à une époque qui coïncide avec le commencement de la période quaternaire. Le dépôt qu'ils constituent est désigné sous le nom de conglomérat bressan. Il est recouvert par une couche de terre à pisé ou de limon jaune que l'on retrouve dans toute la Bresse et qui sert dans la Dombes à la construction de la plupart des habitations. Le sol de la Dombes a une profondeur moyenne de 30 centimètres; il est d'une composition suffisamment dotée en alumine, pauvre en calcaire et riche en silice et en fer. Le sous-sol, un peu plus argileux, un peu plus calcaire, est presque aussi riche que le sol en matières organiques. La région renferme plus de 1,000 étangs (près de 20,000 hect.), créés à partir du quatorzième siècle, à la suite des guerres qui décimèrent la Bresse et la Dombes. Aujourd'hui encore, un certain nombre d'étangs sont desséchés et cultivés pendant deux ans, en prairies temporaires, maïs comme fourrage, puis inondés de nouveau deux autres années, pendant lesquelles ils produisent du poisson. Deux réseaux de chemins agricoles ont été créés dans les Dombes par l'État et les communes intéressées. Ces chemins, aujourd'hui à peu près terminés, sont au nombre de 30 et ont une longueur totale de 363 kilomètres. La Compagnie du chemin de fer des Dombes devait en outre, aux termes de l'acte de concession, dessécher et mettre en valeur 6,000 hectares d'étangs. Cette opération d'assainissement, exécutée sous le contrôle des ingénieurs, est aujourd'hui à peu près terminée. Il en est résulté dans la salubrité des Dombes une amélioration très sensible que l'on constatait déjà en 1870. En effet, la mortalité sur 100 habitants, qui s'élevait à 4,04 en 1867, n'était en 1870 que de 2,54 : la population spécifique, qui était de 20,21 par kilomètre carré, s'est élevée en 1870 à 31,12; enfin la durée de la vie moyenne, qui se réduisait à 25 ans 3 mois 14 jours, est actuellement de 35 ans 5 mois 18 jours.

Les meilleurs *vins*, produits par le Revermont et le Bugey, sont les vins rouges de Béon, de Cerveyrieu, Virieu-le-Grand, Machuraz; les vins blancs de Seyssel, Montagnieu, Gravelles, etc. — Les principales *forêts* (3,008 hect. appartiennent à l'État) sont celles de Cormaranche, Jailloux, Genevrais, Meyriat, Montréal, Putod, Arvières, Niermes, Crelet, Champfromier, Seillon, etc. Les essences principales qui les composent sont le hêtre, le chêne, le charme et le sapin. Il existe des châtaigniers dans les cant. de Coligny, de Pont-d'Ain et de Poncin. L'ours se rencontre encore dans les hautes montagnes boisées qu'habitent aussi le loup, le renard et le chat sauvage.

XI. — Industrie.

Le Rhône roule des paillettes d'or ; on trouve des pépites d'or dans les environs de Champdor et des indices de ce métal près de Maillat et de Saint-Martin-du-Fresne. — Il existe dans le département cinq concessions de *mines de fer* ayant ensemble une superficie de 3,614 hectares; mais deux d'entre elles seulement sont en exploitation : celles de Soudon et de Serrières-de-Briord, ayant produit en 1880, 880 tonnes de minerais. Les autres mines de fer sont situées à Mont-de-l'Ange, Saint-Sorlin, Souclin, Vaux et Villebois. — De Seyssel à Bellegarde s'étendent des couches de substances bitumineuses qui produisent l'*asphalte* de Pyrimont-Seyssel, si fréquemment employé à divers usages dans les principales villes de l'Europe. Ces terrains sont aujourd'hui exploités par la Compagnie générale des asphaltes. Une autre mine est exploitée à Chézery, dans la vallée de la Valserine. La production totale de bitume en 1882 a été de 5,457 tonnes environ, valant 105,049 francs. — Il y a des gisements de *lignite* à Douvres, Priay, Mollon et Soblay.

De nombreuses *carrières de pierres* fournissent des matériaux de construction aux villes de Lyon et de Genève. Les plus importantes sont celles de Ceyzériat, Chavannes, Ramasse, Jasseron, Rignat, Villette-Romanèche, Neuville-sur-Ain, Brénaz, Seyssel, Thoiry, Allemogne, Crozet, Divonne, Ardon, Villebois, Drom, Montmerle, Charix, Pyrimont, Thoiry, Divonne, Murs, Hauteville, Chavannes-sur-Suran, Montmerle, etc. Villebois surtout est renommé pour ses carrières de pierre dure, et Neyrolle, Charix, Sylan et Saint-Germain pour leurs marbres et leurs pierres blanches.

L'arrondissement de Belley, et notamment Marchamp, Ordonnaz, Serrières-de-Briord, Montagnieu, fournit des *pierres lithographiques*. Le Bugey renferme des calcaires lithographiques très appréciés. Champfromier est connue pour ses carrières d'*albâtre*; Rossillon, la Burbanche, Belmont, Rignat, Châtillon-de-Michaille, Ceyzériat, Meximieux, Neuville-sur-Ain, Argis, Seyssel, etc. pour leurs carrières de *tuf*; Montanges, Saint-Rambert, Lagnieu, pour leurs carrières de *pierre à plâtre*. A Saint-Rambert, Tenay et Virieu-le-Grand existent des exploitations de chaux hydraulique et de ciment. Enfin des *phosphates de chaux* sont exploités près de Bellegarde. En résumé les carrières de toute nature en exploitation sont au nombre de 378, occupant 1,200 ouvriers.

Des *sources minérales* non utilisées jaillissent à Biziat, Ceyzériat (source ferrugineuse appelée la Fontaine-Rouge), Polliat, Pont-de-Vaux, Saint-Denis (près de Bourg), St-Jean-sur-Reyssouze, Saint-Jean-sur-Veyle, Seyssel, Thoy (près de Belley). Enfin Divonne possède de belles sources, sans principes minéralisateurs, mais qui doivent à leur extrême frigidité d'être employées avec succès contre certaines maladies, dans un bel établissement hydrothérapique.

Le groupe industriel, actuellement — ou destiné à devenir — le plus considérable du département, est situé à Bellegarde. Une société, appelée Compagnie hydraulique du Rhône, a construit un canal de dérivation destiné à utiliser la force motrice du Rhône (13,000 chevaux-vapeur) pour le fonctionnement de nombreuses usines. La prise d'eau, calculée pour réunir au minimum 64 mètres cubes par seconde aux basses eaux, est pratiquée sur la rive dr. du fleuve, un peu au-dessus de la Perte-du-Rhône. La longueur du canal de dérivation est de 750 mèt., dont 200 mèt. à ciel ouvert et 550 mèt. en tunnel. Dans le lit de la Valserine, où aboutit le canal, près de la jonction de la Valserine et du Rhône, sont placées des turbines dont la force totale pourra s'élever à 10,000 chevaux-vapeur. Le bâtiment qui les contient a 40 mèt. de longueur sur 14 mèt. de largeur et 20 de hauteur. La force motrice développée par l'action de l'eau (chute de 12 à 14 mèt. selon le niveau du Rhône) sur les turbines est transmise sur le plateau et dans toute la vallée au moyen de câbles aériens à grande vitesse, soutenus par de gigantesques poulies et communiquant, en dernier lieu, leur action à des arbres de rotation destinés à mettre en mouvement tous les appareils d'une ou de plusieurs usines. Un pont a été jeté sur la Valserine, dont le lit a été rectifié et endigué. De grandes fabriques ont été construites, notamment une fabrique de pâtes de bois à papier (650 chevaux-vapeur), une fabrique de parquets avec tournage de bois (50 à 60 chevaux), et deux moulins à broyer les phosphates.

L'industrie métallurgique est représentée dans le département par la *tréfilerie d'or et d'argent* de Trévoux (60 ouvriers), comprenant l'affinage, le tirage et le battage de ces deux métaux; par les *forges* de

INDUSTRIE.

Divonne et de Dortan, les fonderies de fonte de Saint-Laurent-lès-Mâcon et de Bourg, les fabriques de cuivrerie de Cerdon et de Préaux, la fabrique de filières de Trévoux, les *taillanderies* de Bourg, Ceyzériat, Péron et Trévoux, les fabriques d'alambics et de pompes à incendie de Bourg, etc.

La *tournerie*, la *tabletterie*, la fabrication des peignes en corne,

Usines de Bellegarde.

buffle et ivoire, des tabatières, pipes de bruyère, de la bijouterie en corne (bagues, anneaux, chaînes et giletières), occupent près de 5,000 ouvriers à Oyonnax, Nantua, aux Neyrolles, à Bellignat, Dortan, Échallon, Geovressiat, Veyziat et Arbent. — Dans les environs d'Échallon et du Poizat, de grandes forêts de sapins ont donné naissance à l'industrie de la *boissellerie*. — Dans le canton d'Oyonnax, dans la vallée de Mijoux, un certain nombre d'habitants sont lapidaires, horlogers, lunetiers, etc. — A Tenay, Argis et Saint-Rambert existent d'importantes usines pour l'apprêt, le peignage et la filature des frisons, occupant plusieurs milliers d'ouvriers. Il y a dans la même vallée des moulinages de soie et quelques métiers à tisser. Miribel a une fabrique de châles; Montluel, une fabrique de couvertures et une manufacture de draps pour la troupe (700 ouvriers); Tenay, Saint-Rambert, Montréal, Lacluse, Maillat et Bellignat, des *tissages de soie* (3,000 métiers dans 60 com.); Nantua, une importante fabrique de tapis; Ambérieu-en-Bugey, une fabrique de velours. Mais les manufactures les plus importantes sont la *fabrique de soieries* de Jujurieux (1,040 ouvriers, dont 600 jeunes filles; 500,000 mèt. d'étoffes par an) et celle de Bourg, analogue à la précédente.

Enfin on trouve dans le département : des fabriques de carrosserie et de coutellerie (Nantua), la fabrique de poteries artistiques de Brou, 140 tuileries ou fabriques de poterie réfractaire occupant près de 800 ouvriers (Bourg, Meillonnas, Pont-de-Vaux, Treffort), des fabriques de sabots, de liqueurs (à Pont-de-Vaux, spécialité de prunelle bressane); de balances bascules; de bonneterie et de bouchons à Bourg; de saucissons renommés (Belley), de bougies stéariques (bougies Bressanes, Astre, Célestes et autres) et de savons (Bourg, Saint-Laurent-lès-Mâcon, Thoissey); de glycérine, de paillassons, de brides à sabots et de céramique (Bourg); de toile et sparterie (Pont-de-Vaux); de crics et de poêles en faïence (Belley); de vinaigre (Lagnieu); de bassins de balances et de cartons (Cerdon); de carton-pâte (Préaux); de perles (Virieu-le-Grand); de chapeaux et casquettes (Divonne, Thoissey); des mégisseries (Pont-de-Vaux, Bourg, Thoissey); des corroieries (Bourg, Châtillon-sur-Chalaronne, Thoissey); des chamoiseries (Bourg et Nantua); de nombreuses tanneries (surtout à Nantua) et scieries (principalement Artemare et Hauteville); une usine de verre trempé (Pont-d'Ain); 4 papeteries (St-Rambert, St-Germain-de-Béard, Cerdon, Préaux), occupant 150 ouvriers, des lapidaireries (Mijoux, Divonne et St-Genis); des clouteries, des imprimeries typographiques et lithographiques, une teinturerie de soieries de Lyon (Miribel); une distillerie de betteraves (St-Trivier-sur-Moignans); des brasseries (Bourg, Belley); des minoteries, des moulins à huile et de nombreux moulins à blé dont les plus importants sont ceux de Pont-d'Ain, de Bellegarde, la Tour-de-Bons, près de Belley, la Trappe (Plantay), Bourg, etc. En résumé, l'Ain possède 358 établissements industriels pourvus de machines à vapeur, d'une force totale de 3,599 chevaux.

XII. — Commerce, chemins de fer, routes.

L'Ain *importe* des articles de nouveautés, de librairie, d'épicerie, d'ameublement, des denrées coloniales, des fruits secs du Midi, des liqueurs, des sucres de betteraves, des alcools, des huiles, de la soie brute, des cornes de bœuf et de buffle et de l'ivoire pour ses tourneries, et environ 95,900 tonnes de houille, provenant des bassins de la Loire, du Creuzot, de Blanzy, d'Alais, etc.

Il *exporte* en Suisse, en Savoie, dans le Rhône et dans le Midi, des bœufs gras, des volailles renommées et des porcs gras, des fromages, des vins, des bois de construction, des grains, des pierres de taille, de l'asphalte, des articles de tournerie dits de Saint-Claude, des soieries, etc. En outre, il s'y fait un commerce considérable de transit.

Le département est traversé par 13 chemins de fer (466 kil.).

1° Le chemin de fer *de Paris à Genève* passe du département de Saône-et-Loire dans celui de l'Ain en traversant la Saône au sortir de Mâcon. Ses stations dans le département de l'Ain sont : Pont-de-Veyle, Vonnas, Mézériat, Polliat, Bourg, la Vavrette, Pont-d'Ain, Ambronay, Ambérieu, Saint-Rambert, Tenay, Rossillon, Virieu-le-Grand, Artemare, Culoz, Seyssel, Pyrimont, Bellegarde, et, au delà du tunnel du Crédo (3,900 mètres), Collonges et Chancy-Pougny. Après cette dernière station, il entre en Suisse. Parcours, 163 kil.

2° Le chemin de fer *de Besançon à Bourg* quitte le département du Jura pour entrer dans celui de l'Ain entre la station de Saint-Amour et celle de Coligny. Il dessert Coligny, Moulin-des-Ponts, Saint-Étienne-du-Bois et Bourg. Parcours, 29 kilomètres.

3° La ligne *de Bourg à Lyon*, ou ligne des Dombes (52 kilomètres), passe aux gares de Servas, Saint-Paul-de-Varax, Marlieux, Villars-les-Dombes, Saint-André-de-Corcy, Mionnay, des Echets et de Sathonay, puis entre dans le département du Rhône.

4° Le chemin de fer *de Lyon à Genève* entre dans l'Ain entre la gare de Saint-Clair et celle de Miribel. Il a pour stations : Miribel, Beynost, Montluel, la Valbonne, Meximieux, Leyment et Ambérieu, où il se raccorde avec la ligne de Paris à Genève. Parcours, 42 kil.

5° Le chemin de fer *de Culoz à Aix-les-Bains* franchit le Rhône après 2 kilomètres de parcours dans le département.

6° La ligne *de Bourg à Bellegarde* (64 kilomètres) passe à Ceyzériat, Senissiat, Villereversure et Simandre, franchit la vallée de l'Ain, puis dessert Cize-Bolozon, Nurieux, la Cluze, Nantua, Charix, Saint-Germain-de-Joux, Châtillon-de-Michaille et Bellegarde.

7° Le chemin de fer *de Bourg à Châlon* dessert Viriat, Attignat,

Montrevel, Jayat, Saint-Julien-sur-Reyssouze, Mantenay et Saint-Trivier-de-Courtes. Parcours, 34 kilomètres.

8° L'embranchement *d'Ambérieu à Sablonnières* (16 kilomètres) a pour stations : Ambutrix, Vaux, Lagnieu, Saint-Sorlin, le Sault et Villebois. Au delà il traverse le Rhône pour entrer dans l'Isère.

9° L'embranchement *de Virieu-le-Grand à Saint-André-le-Gaz* dessert Chazey-Bons, Belley, Brens, Peyrieu et Brognier-Cordon. Au delà, il entre dans le départ. de l'Isère. Parcours, 31 kil.

10° L'embranchement à voie étroite *de Marlieux à Châtillon-sur-Chalaronne* (12 kil.) se détache à Marlieux de la ligne de Bourg à Lyon et dessert le Châtelard, Moulins-des-Champs et Marlieux.

11° Le chemin de fer *de Bellegarde à Évian* se détache, presque immédiatement au sortir du tunnel du Crédo, de la ligne de Paris à Genève pour entrer en traversant le Rhône dans la Haute-Savoie.

12° L'embranchement *de Sathonay à Trévoux* dessert dans l'Ain (8 kil.) Genay, Parcieux, Reyrieux et Trévoux.

13° Le chemin de fer *de la Cluse à Oyonnax* (13 kil.) dessert Martignat, Belignat et Oyonnax.

Les voies de communication comptent 8,256 kil., savoir :

13 chemins de fer.	466 kil.
Routes nationales.	450 1/2
Routes départementales	660 1/2
Chemins vicinaux de grande communication.	1,002 1/2
— d'intérêt commun.	1,063 1/2
— ordinaires	4,291 1/2
3 rivières navigables.	319
1 canal	2 1/2

XIII. — Dictionnaire des communes.

Les chiffres de la population sont ceux du dernier recensement (1881).

Abergement-de-Varey (L'), 490 hab., c. d'Ambérieu.

Abergement-Clémenciat, 605 hab., c. de Châtillon-sur-Chalaronne. ⇒ Château ruiné.

Aisne ou **Vésine,** 189 hab., c. de Bâgé-le-Châtel.

Alban (Saint-), 387 hab., c. de Poncin.

Amareins, 189 hab., c. de Saint-Trivier-sur-Moignans.

Ambérieu-en-Bugey, 3,396 hab., ch.-l. de c. de l'arrond. de Belley. ⇒ Châteaux des Échelles et de Saint-Maurice. — Belles ruines de la forteresse de Saint-Germain. — Source du Gordon. — Ruines du château des Allymes (1354), sur le versant du mont Luisandre (809 mèt.).

Ambérieux-en-Dombes, 879 hab., c. de Saint-Trivier-sur-Moignans. ⇒ Ruines d'une haute tour.

Ambléon, 213 hab., c. de Belley.

Ambronay, 1,492 hab., c. d'Ambérieu. ⇒ Vestiges du camp romain de la Motte-des-Sarrasins. — Ruines d'une abbaye. — Église gothique : 3 nefs ; inscription et bénitier curieux ; beau tombeau avec la statue d'un abbé ; vitraux du xvi° siècle ; stalles du chapitre. Deux cloîtres très bien conservés ; escalier du temps de Louis XIII ; porche ogival, servant d'entrée à la sacristie.

Ambutrix, 280 hab., c. de Lagnieu.
Andert-Condon, 278 hab., c. de Belley.
André-de-Bâgé (Saint-), 197 hab., c. de Bâgé-le-Châtel. ⟶ Église (mon. hist.) du xi° siècle ; beau clocher octogonal.

Belley.

André-de-Corcy (Saint-), 750 hab., c. de Trévoux. ⟶ Châteaux de Sure (1650) et de Montribloud, restauré.
André-d'Huiriat (Saint-), 604 hab., c. de Pont-de-Veyle.
André-le-Bouchoux (Saint-), 228 hab., c. de Châtillon-sur-Chalaronne.
André-le-Panoux Saint-), 825 hab., c. de Bourg.

Anglefort, 1,133 hab., c. de Seyssel.
Apremont, 308 hab., c. de Nantua.
Aranc, 828 hab., c. de Hauteville.
Arandas, 308 hab., c. de Saint-Rambert.
Arbent, 732 hab., c. d'Oyonnax.
Arbignieu, 814 hab., c. de Belley.
Arbigny, 770 hab., c. de Pont-de-Vaux.

Argis, 976 hab., c. de Saint-Rambert. ☞→ Grottes des Forts-Sarrasins.
Arlod, 354 hab., c. de Châtillon-de-Michaille. ☞→ Ruines d'un ancien château.
Armix, 171 hab., c. de Virieu-le-Grand.
Arnans, 257 hab., c. de Treffort. ☞→ Sur la place, belle croix de pierre fort ancienne.
Ars, 516 hab., c. de Trévoux. ☞→ Belle église moderne de Sainte-Philomène, bâtie sur le tombeau vénéré de Jean-Baptiste Vianney, curé de la paroisse, mort en 1859.
Artemare, V. Yon-Artemare.
Asnières, 145 hab., c. de Bâgé-le-Châtel.
Attignat, 1,360 hab., c. de Montrevel.
Bâgé-la-Ville, 1,918 hab., c. de Bâgé-le-Châtel.
Bâgé-le-Châtel, 728 hab., ch.-l. de c. de l'arrond. de Bourg.
Balan, 697 hab., c. de Montluel.
Balme (La), 293 hab., c. de Poncin. ☞→ Ruines d'un ancien château. — Belle cascade. — Grottes remarquables.
Baneins, 506 hab., c. de Saint-Trivier-sur-Moignans.
Beaupont, 1,034 hab., c. de Coligny.
Beauregard, 310 hab., c. de Trévoux.
Bélignieux, 868 hab., c. de Montluel.
Bellegarde, 1,463 hab., c. de Châtillon-de-Michaille. ☞→ Le Rhône, par les eaux basses, disparaissait jadis à Bellegarde sous les rochers calcaires qu'il avait creusés : c'était la *Perte du Rhône*, aujourd'hui modifiée par les travaux hydrauliques. Ce fleuve, dans toute cette partie de son cours, offre, à chaque pas, les sites les plus pittoresques au fond de gorges sauvages. Le lit de la Valserine est aussi intéressant pour les artistes que pour les géologues. Le torrent a creusé si profondément les rochers calcaires qu'il se trouve encaissé, d'environ 25 mètres, entre deux parois à pic couronnées d'arbustes. Çà et là ses eaux disparaissent dans des crevasses, dont la plus longue, dite *Perte de la Valserine*, a 400 pas environ. — Beau viaduc de la Valserine, long de 250 mètres : 11 arches, 10 petites et une grande ; celle-ci, haute de 50 mètres, a 32 mètres d'ouverture. — Cascade que forme, dans les hautes eaux, la Valserine, à son confluent avec le Rhône. — *Grotte de Bramabœuf*, garnie de pétrifications remarquables et où coule en cascades un petit ruisseau. — L'ascension du *Crédo* (1608 mètres) demande 3 ou 4 heures.
Belley, 5,622 hab., ch.-l. d'arrond. et siège d'un évêché, entre des collines. ☞→ *Cathédrale* bâtie en 889 et reconstruite depuis ; le sanctuaire date de 1413 ; la nef a été reconstruite dans le style ogival de la même époque, en 1864. On y voit une statue de la Vierge, en marbre de Carrare, chef-d'œuvre de Chinard, ébauchée à Rome sur le dessin de Canova. — *Palais épiscopal* de 1779. — *Collection d'antiquités* au *collège*, où fut élevé Lamartine.
Belleydoux, 742 h., c. d'Oyonnax.
Bélignat, 296 hab., c. d'Oyonnax.
Belmont, 608 hab., c. de Virieu-le-Grand. ☞→ Château d'Hostel.
Bénigne (Saint-), 1,139 hab., c. de Pont-de-Vaux.
Benoît (St-), 1,036 hab., c. de Lhuis.
Bénonces, 577 hab., c. de Lhuis. ☞→ Chartreuse de Portes, fondée vers 1115, rétablie en 1835. — Magnifique hêtre dans le tronc duquel est une petite chapelle.
Bény, 996 hab., c. de Coligny.
Béon, 414 hab., c. de Champagne. ☞→ Restes d'un château à Luyrieu.
Béreyziat, 646 hab., c. de Montrevel.
Bernard (Saint-), 266 hab., c. de Trévoux. ☞→ Vieille porte féodale. — Ancien château.
Bettant, 428 hab., c. d'Ambérieu.
Bey, 230 hab., c. de Pont-de-Veyle.
Beynost, 869 hab., c. de Montluel. ☞→ Château du Soleil.
Billiat, 584 hab., c. de Châtillon-de-Michaille.
Birieux, 238 hab., c. de Villars.
Biziat, 867 hab., c. de Châtillon-sur-Chalaronne.

Blyes, 267 hab., c. de Lagnieu.
Bohas, 295 hab., c. de Ceyzériat.
Bois (Saint-), V. Saint-Boys.
Boisse (La), 752 hab., c. de Montluel. ⟶ Église romane.
Boissey, 557 h., c. de Pont-de-Vaux.
Bolozon, 501 hab., c. d'Izernore.
Bouligneux, 465 hab., c. de Villars.

Bourg, 18.235 hab., chef-lieu du département, sur la Reyssouze. ⟶ L'*église Notre-Dame* de Bourg, construite du xv° au xvii° siècle, jouit quelque temps, au xvi° siècle, du titre de cathédrale; l'intérieur est gothique, l'extérieur du style Renaissance; l'abside pentagonale, du xv° ou du xvi° siè-

Église Notre-Dame, à Bourg.

cle, est la partie la plus curieuse du monument; la tour octogonale a été remplacée par une calotte hémisphérique. A l'intérieur, magnifique maître-autel en marbre et orfèvrerie, œuvre de M. Armand Caillat; chapelles de la Vierge et de la Communion (vitraux modernes) récemment embellies. Le beau Christ d'ivoire (xviii° s.) placé dans la sacristie ornait, avant 1789, la salle des États de la Bresse. Dans la sacristie se voient aussi deux tableaux de l'école allemande du xvi° siècle. Soixante-huit stalles du xvi° siècle sont placées sur deux rangs, de chaque côté des parois de l'abside.

Somptueux *hôtel de la préfecture*,

décoré de peintures estimées, par un artiste bressan, M. Viot, qui a représenté sa contrée natale sous ses trois aspects caractéristiques : la Bresse, la Dombes, le Bugey. Dans la cour, *statue de Joubert* (1884), par Aube. Elle représente un épisode de la bataille de Rivoli : Joubert saisit un fusil et entraîne ses troupes. — Vis-à-vis du lycée se trouve le *couvent* des sœurs *de Saint-Joseph*, bâti par M. Dupasquier; vieille église ogivale (autrefois aux Jacobins), entièrement remaniée. Ce couvent est la maison mère de l'ordre, qui compte 1,500 religieuses. — Sur la place Joubert, *obélisque* élevé à Joubert. — En avant de la promenade hémisphérique du *Bastion*, sur la place Grenette, *statue* en bronze *de Bichat*, qui a fait ses premières études médicales à Bourg; cette statue est l'œuvre de David d'Angers. — *Asile d'aliénés*. — Entre le Mail et le Quinconce, une inscription (*Observatoire*, 1792) désigne la maison habitée par Lalande, qui était né à Bourg, comme le rappelle une autre inscription (médaillon en bronze), dans la rue à laquelle on a donné son nom (maison n° 22). — *Mairie* renfermant le *musée Lorin*, inauguré en 1854, et renfermant de vieux meubles, des statues, des monnaies, des objets antiques et 170 tableaux, parmi lesquels on remarque des toiles de Téniers, Wouvermans, Franck, Berghem, Breughel, Coypel, Rigaud, Chardin, Sébastien Bourdon, Boucher, Ribera, Guido Reni, et des collections d'histoire naturelle et de botanique. — *Bibliothèque* (25,000 vol.). — *Champ de Mars*, orné de la *statue* en bronze *d'Edgar Quinet*, par Aimé Millet (1885).

L'*église de Brou* (mon. hist.), à 800 mèt. de Bourg, bâtie par Marguerite d'Autriche (1506-1536), restaurée avec goût par M. Dupasquier, est un des mon. gothiques les plus intéressants de la France. Elle a 70 mèt. de longueur dans œuvre, 36 mèt. de largeur au transsept, 50 mètres à la grande nef et 20 mètres de hauteur sous voûte. L'extérieur présente des ornements trop nombreux et d'un goût contestable, qui se distinguent, néanmoins, par la délicatesse du travail. Parmi les statues du portail, nous signalerons celle de *saint Nicolas de Tolentin*, sur le trumeau qui sépare les deux baies de la porte principale, et une grande figure de *saint André*. Devant le portail on remarque un vaste cadran horizontal ovale, où l'on peut voir l'heure qu'il est au soleil, en se plaçant sur la lettre qui indique le mois dans lequel on se trouve : ce gnomon, du XVI° siècle, a été refait en 1757 par Lalande.

L'intérieur (trois nefs avec chapelles latérales) est simple, léger, bien proportionné, mais trop éclairé, et produirait plus d'effet si les fenêtres étaient ornées de vitraux de couleur. Les *Anges* qui supportent le dais de la *chaire*, sur lequel est le Christ, sont de la princesse Marie, fille du roi Louis-Philippe. Le *jubé* a 12 mètres de largeur et 8 de hauteur. Malheureusement ses belles sculptures, trop nombreuses, sont trop lourdes. Sept grandes statues de marbre blanc (deux *Ecce Homo*, *saint Nicolas de Tolentin*, *sainte Monique*, *saint Augustin*, *saint Antoine* et *saint Pierre*) décorent la balustrade supérieure. Les *stalles* en chêne du chœur sont ornées d'un grand nombre de statues et de sculptures d'une exécution admirable.

L'*autel* a été sculpté, en marbre blanc de Carrare, par deux marbriers de Lyon, MM. Jamey et Bernard, d'après les dessins de M. Pollet, architecte. Ses quinze statues en bronze doré, représentant le *Sauveur* avec ses *Apôtres*, et deux Évangélistes, *saint Marc* et *saint Luc*, ont été fondues à Paris, d'après les modèles d'un statuaire de Lyon, M. Legendre-Hérald.

Mais les principales curiosités de l'église de Brou sont les *mausolées* (mon. hist.), placés dans le chœur. Les maquettes de ces mausolées furent exécutées par le célèbre artiste tourangeau Michel Colomb ; mais ces projets furent modifiés par les ouvriers flamands chargés de l'exécution des sculptures.

Le premier mausolée, à dr., surchargé de sculptures remarquables, est celui de Marguerite de Bourbon. La statue de la princesse, en marbre de Carrare,

Jubé de l'église de Brou.

couchée sur une table de marbre noir, vêtue de son manteau ducal, la couronne sur la tête, ayant à ses pieds une belle levrette, a le visage tourné du côté de Philibert le Beau, dont le tombeau s'élève au milieu du chœur. On admire surtout la délicatesse des ornements, feuillages, chiffres, rameaux, niches, etc., et, parmi les statues, celles des Pleureuses.

Le mausolée de Philibert le Beau, par Conrad Meyt, est le plus remarquable des trois. Le prince, représenté vivant sur la table principale, quoique couché, revêtu de son armure et de son manteau ducal, la tête appuyée sur un carreau d'une riche broderie, le pied gauche sur un lion, a les mains jointes et inclinées du côté la Marguerite de Bourbon, sa mère, et la tête tournée vers Marguerite d'Autriche, son épouse. On remarque surtout les génies qui l'environnent. Douze piliers, trop chargés d'ornements d'un travail exquis, surtout ceux qui contiennent des Sibylles, soutiennent la table de marbre noir, sur laquelle cette belle statue est étendue. Dans l'espace qu'ils forment, la figure du prince mort, étendue sur un suaire, recouvre une autre table de marbre noir. Cette statue est un chef-d'œuvre d'expression, de modelé et de fini.

Le troisième mausolée, celui de Marguerite d'Autriche, est près de la porte gauche du chœur. Comme les deux autres, il est surchargé d'ornements; mais la perfection de la sculpture fait oublier ce manque de goût. Il présente trois faces. On y remarque sur une corniche la devise de la princesse : *fortune, infortune, fort une*, souvent répétée dans l'église. Marguerite d'Autriche y est représentée, comme son époux, vivante et morte.

Près du mausolée de Marguerite d'Autriche s'ouvre la *chapelle de la Vierge*, où l'on admire, sur l'autel, un grand *tabernacle*, haut de 5 mèt. 67, large de 4 mètres, ouvert sur le milieu et divisé sur les côtés en petites niches ou cellules, qui forment trois étages, renfermant chacun en plein relief un mystère de la Vierge. L'*Assomption de la Vierge* remplit l'ouverture du milieu. Les deux angles de la chapelle, du côté de l'autel, sont décorés de deux grandes figures d'albâtre justement estimées : à g., *saint André*; à dr., *saint Philippe*.

Les *vitraux* de l'église de Brou ne sont pas moins admirables que ses sculptures. Ils se distinguent par la beauté des couleurs, par la pureté et la largeur du dessin. Les plus beaux sont ceux de la chapelle de Gorrevod, de la chapelle de Marguerite d'Autriche, du chœur et de la chapelle de Notre-Dame des Sept-Douleurs.

Bourg-Saint-Christophe, 761 hab., c. de Meximieux. ⟶ Château ruiné.

Bouvent, 143 hab., c. d'Oyonnax.

Boyeux-Saint-Jérôme, *V.* Saint-Jérôme.

Boys (Saint-), 325 hab., c. de Belley.

Boz, 704 hab., c. de Pont-de-Vaux.

Brégnier-Cordon, 876 hab., c. de Belley.

Brénaz, 313 hab., c. de Champagne.

Brénod, 881 hab., ch.-l. de c. de l'arrond. de Nantua. ⟶ Dans le vallon du Valey, dominé par les roches à pic de la forêt de Meyriat, ruines de la Chartreuse de Meyriat (porte d'entrée, quelques arcades, pans de mur), fondée au XIIe siècle.

Brens, 580 hab., c. de Belley.

Bressolles, 501 hab., c. de Montluel.

Brion, 298 hab., c. de Nantua.

Briord, 612 hab., c. de Lhuis. ⟶ Aqueduc souterrain (mon. hist.) creusé dans le roc sur plus de 200 mètres de longueur, mais comblé en partie. — Château (mon. hist.).

Brou, *V.* Bourg.

Buellas, 698 hab., c. de Bourg. ⟶ Château ruiné du XIVe siècle.

Burbanche (La), 386 hab., c. de Virieu-le-Grand. ⟶ Belles sources.

Ceignes, 287 hab., c. d'Izernore.

Cerdon, 1,538 hab., c. de Poncin. ⟶ Statue de la Vierge, sur le mont Carmier. — Belle grotte, découverte en 1884.

Certines, 530 h., c. de Pont-d'Ain.

Cesseins, 187 hab., c. de Saint-Trivier-sur-Moignans. ⟶ Château de Tavernost.

Cessy, 485 hab., c. de Gex.

Ceyzériat, 1,029 hab., ch.-l. de c. de l'arrond. de Bourg.
Ceyzérieu, 1,506 hab., c. de Virieu-le-Grand. ⟶ Beau château fort de Grammont.
Chalamont, 1,900 hab., ch.-l. de c. de l'arrond. de Trévoux.
Chaleins, 738 hab., c. de Saint-Trivier-sur-Moignans.
Chalex, 682 hab., c. de Collonges.
Chaley, 459 hab., c. de Saint-Rambert. ⟶ Sites splendides.
Challes-la-Montagne, 425 hab., c. d'Izernore.
Champ (Saint-), 294 h., c. de Belley.
Champagne, 584 hab., ch.-l. de c. de l'arrond. de Belley. ⟶ Restes de bains romains.
Champdor, 582 hab., c. de Brénod.
Champfromier, 904 h., c. de Châtillon-de-Michaille.
Chanay, 657 hab., c. de Seyssel. ⟶ Château, ancienne maison forte (objets d'art). — Ruines du château des Doches, au-dessus d'une cascade.
Chaneins, 629 hab., c. de Saint-Trivier-sur-Moignans.
Chanoz-Châtenay, 840 hab., c. de Châtillon-sur-Chalaronne.
Chapelle-du-Châtelard (La), 364 hab., c. de Villars.
Charancin, 221 hab., c. de Champagne.
Charix, 566 hab., c. de Nantua. ⟶ Cascade.
Charnoz, 252 hab., c. de Meximieux.
Château-Gaillard, 554 hab., c. d'Ambérieu.
Châtenay, 407 hab., c. de Chalamont.
Châtillon-de-Michaille, 1,237 hab., ch.-l. de c. de l'arrond. de Nantua.
Châtillon-la-Palud, 701 hab., c. de Chalamont.
Châtillon-sur-Chalaronne ou les-Dombes, 2,890 hab., ch.-l. de c. de l'arrond. de Trévoux. ⟶ Statue de saint Vincent de Paul, qui fut curé de cette ville en 1617. — Ancien château. — Hippodrome.
Chavannes-sur-Reyssouze, 1,163 hab., c. de Pont-de-Vaux.
Chavannes-sur-Suran, 985 hab., c. de Treffort.

Chaveyriat, 1,007 hab., c. de Châtillon-sur-Chalaronne. ⟶ Vieux château de Brosses, restauré.
Chavornay, 385 hab., c. de Champagne. ⟶ Cascade.
Chazey-Bons, 749 hab., c. de Belley.
Chazey-sur-Ain, 698 hab., c. de Lagnieu. ⟶ Château fort, restauré.
Chégnieu-Labalme, 386 hab., c. de Virieu-le-Grand.
Chevillard, 288 hab., c. de Brénod.
Chevroux, 1,017 hab., c. de Pont-de-Vaux.
Chevry, 411 hab., c. de Gex.
Chézery, 966 hab., c. de Collonges.
Civrieux, 624 hab., c. de Trévoux.
Cize, 188 hab., c. de Ceyzériat.
Cleyzieux, 371 hab., c. de Saint-Rambert.
Coligny, 1,754 hab., ch.-l. de c. de l'arrond. de Bourg. ⟶ Château.
Collonges, 1,091 hab., ch.-l. de c. de l'arrond. de Gex. ⟶ Beau pont sur le Rhône. — Fort de l'Écluse.
Colomieu, 301 hab., c. de Belley.
Conand, 473 hab., c. de St-Rambert.
Condamine-la-Doye, 316 hab., c. de Brénod. ⟶ Ruines pittoresques de la Chartreuse de Meyriat.
Condeissiat, 833 hab., c. de Châtillon-sur-Chalaronne.
Confort, 523 hab., c. de Collonges.
Confrançon, 1,318 hab., c. de Montrevel. ⟶ Château ruiné des XIIe et XVe siècles.
Contrevoz, 711 hab., c. de Virieu-le-Grand.
Conzieu, 304 hab., c. de Belley.
Corbonod, 1,329 hab., c. de Seyssel.
Corcelles, 508 hab., c. de Brénod.
Cordieux, 224 hab., c. de Montluel.
Corlier, 219 hab., c. de Hauteville.
Cormaranche, 670 hab., c. de Hauteville.
Cormoranche, 670 hab., c. de Pont-de-Veyle.
Cormoz, 1,174 hab., c. de Saint-Trivier-de-Courtes.
Corveissiat, 510 hab., c. de Treffort. ⟶ Grotte.
Courmangoux, 766 hab., c. de Treffort.

Courtes, 408 hab., c. de Saint-Trivier-de-Courtes.
Crans, 258 hab., c. de Chalamont. ☛ Ruines de l'abbaye de la Chassagne.
Craz, 563 hab., c. de Châtillon-de-Michaille.
Craz-sur-Reyssouze, 1,137 hab., c. de Montrevel.
Cressin-Rochefort, 468 hab., c. de Belley.
Croix (Sainte-), 564 hab., c. de Montluel.
Crottet, 680 hab., c. de Pont-de-Veyle.
Crozet, 573 hab., c. de Gex. ☛ Château ruiné de Rossillon.
Cruzilles, 780 hab., c. de Pont-de-Veyle.
Cuisiat, 621 hab., c. de Treffort.
Culoz, 1,518 hab., c. de Seyssel. ☛ Beau pont du chemin de fer, sur le Rhône. — Château.
Curciat-Dongalon, 1,448 hab., c. de Saint-Trivier-de-Courtes.
Curtafond, 707 hab., c. de Montrevel.
Cuzieu, 578 hab., c. de Virieu.
Cyr-sur-Menthon(Saint-), 1,244 h., c. de Pont-de-Veyle.
Dagneux, 916 hab., c. de Montluel.
Denis (Saint-), 1,115 hab., c. de Bourg.
Denis-le-Chosson (Saint-), 754 h., c. d'Ambérieu. ☛ Tour carrée, débris d'un château détruit par Biron.
Didier-d'Aussiat (Saint-), 1,009 h., c. de Montrevel.
Didier-de-Formans (Saint-), 585 hab., c. de Trévoux. ☛ Ancien château de Tanay.
Didier-sur-Chalaronne (Saint-), 2,486 hab., c. de Thoissey.
Divonne, 1,465 hab., c. de Gex. ☛ Ancien château, restauré. — Établissement hydrothérapique. — Beaux points de vue sur le lac de Genève, les Alpes et le Jura. — Sites splendides. — Ascension du mont Mussy (668 mètres).
Dommartin, 971 hab., c. de Bâgé-le-Châtel.
Dompierre, 1,132 hab., c. de Pont-d'Ain. ☛ Vieux château de Belvey.
Dompierre-sur-Chalaronne, 305 hab., c. de Thoissey.

Domsure, 854 hab., c. de Coligny.
Dortan, 1,285 hab., c. d'Oyonnax.
Douvres, 591 hab., c. d'Ambérieu.
Drom, 425 hab., c. de Ceyzériat.
Druillat, 1,156 hab., c. de Pont-d'Ain.
Échallon, 1,091 hab., c. d'Oyonnax.
Échenevex, 558 hab., c. de Gex.
Éloi (Saint-), 294 hab., c. de Meximieux.
Étienne-du-Bois (Saint-), 1,502 h., c. de Treffort.
Étienne-sur-Chalaronne (Saint-), 1,411 hab., c. de Thoissey.
Étienne-sur-Reyssouze (Saint-), 861 hab., c. de Pont-de-Vaux.
Étrez, 623 hab., c. de Montrevel.
Euphémie (Sainte-), 541 hab., c. de Trévoux.
Évosges, 547 hab., c. de Saint-Rambert.
Faramans, 591 hab., c. de Meximieux.
Fareins, 1,110 hab., c. de Saint-Trivier-sur-Moignans.
Farges, 609 hab., c. de Collonges. ☛ Grotte druidique. — Joli château.
Feillens, 2,608 hab., c. de Bâgé-le-Châtel.
Ferney-Voltaire, 1,274 hab., ch.-l. de c. de l'arrond. de Gex. ☛ Ce village fut fondé en quelque sorte par Voltaire, en 1758. — Le château, peu intéressant (vue splendide), possède quelques meubles du temps de son fondateur, et le mausolée qui devait renfermer le cœur de Voltaire. Devant le château, s'élève une petite chapelle, bâtie par le philosophe, avec l'inscription : *Deo erexit Voltaire*.
Fitignieu, 224 hab., c. de Champagne.
Flaxieu, 131 hab., c. de Virieu-le-Grand.
Foissiat, 2,722 hab., c. de Montrevel.
Forens, 394 hab., c. de Châtillon-de-Michaille.
Francheleins, 176 hab., c. de Saint-Trivier-sur-Moignans. ☛ Vieux château.
Frans, 373 hab., c. de Trévoux.

Garnerans, 647 hab., c. de Thoissey.
Genay, 1,135 hab., c. de Trévoux.
Genis-sur-Menthon (Saint-), 601 hab., c. de Pont-de-Veyle.
Genouilleux, 352 hab., c. de Thoissey. »—→ Ancien château de Chavagneu.
Georges-de-Renom (Saint-), 210 hab., c. de Châtillon-sur-Chalaronne.
Géovreisset, 134 hab., c. d'Oyonnax.
Géovreissiat, 244 hab., c. de Nantua.
Germagnat, 317 hab., c. de Treffort.
Germain-de-Joux (Saint-), 965 h., c. de Châtillon-de-Michaille.
Germain-les-Paroisses (Saint-), 681 hab., c. de Belley.
Germain-sur-Renom (Saint-), 307 hab., c. de Villars.
Gex, 2,720 h., ch.-l. d'arrond. »—→ Promenade en terrasse ; belle vue sur le Léman, le Jura, les Alpes et le Mont-Blanc. — Restes de vieilles tours.
Giron, 297 hab., c. de Châtillon-de-Michaille.
Gorrevod, 512 hab., c. de Pont-de-Vaux.
Grand-Abergement, 631 hab., c. de Brénod.
Grand-Corent, 265 hab., c. de Ceyzériat.
Granges, 165 hab., c. d'Izernore.
Griéges, 1,065 hab., c. de Pont-de-Veyle.
Grilly, 409 hab., c. de Gex.
Groissiat, 260 hab., c. d'Oyonnax.
Groslée, 617 hab., c. de Lhuis. »—→ Ruines d'un château crénelé.
Guéreins, 672 hab., c. de Thoissey.
Hautecour, 862 hab., c. de Ceyzériat. »—→ Grotte. — Château ruiné.
Hauteville, 750 hab., ch.-l. de c. de l'arrond. de Belley.
Hôpital (L'), 155 hab., c. de Châtillon-de-Michaille. »—→ Église, précieux spécimen du style romano-byzantin.
Hostiaz, 287 hab., c. de St-Rambert.
Hotonnes, 951 hab., c. de Brénod.
Illiat, 612 hab., c. de Thoissey.
Injoux, 751 hab., c. de Châtillon-de-Michaille. »—→ A Génissiat, restes d'un château.

Innimont, 354 hab., c. de Lhuis.
Izenave, 341 hab., c. de Brénod.
Izernore, 1,079 hab., ch.-l. de c. de l'arrond. de Nantua. »—→ Des fouilles ont fait découvrir à Izernore les belles ruines d'un temple romain (mon. hist.), dont les trois colonnes sont encore debout, et des débris d'autres constructions de la même époque.
Izieu, 340 hab., c. de Belley.
Jassans-et-Riottier, 435 hab., c. de Trévoux.
Jasseron, 686 hab., c. de Ceyzériat. »—→ Château ruiné.
Jayat, 1,130 hab., c. de Montrevel.
Jean-de-Gonville (Saint-), 655 hab., c. de Collonges.
Jean-de-Niost (Saint-), 630 hab., c. de Meximieux.
Jean-de-Thurignieu (Saint-), 590 hab., c. de Trévoux.
Jean-le-Vieux (Saint-), 1,613 hab., c. de Poncin. »—→ Joli château moderne de Champollon. — Vieux château de Varey, restauré de nos jours. — Ancienne tour de la Biguerne.
Jean-sur-Reyssouze (Saint-), 1,507 hab., c. de Saint-Trivier-de-Courtes.
Jean-sur-Veyle (Saint-), 1,000 h., c. de Pont-de-Veyle.
Jérôme (Saint-), 818 hab., c. de Poncin.
Journans, 364 hab., c. de Pont-d'Ain.
Joyeux, 260 hab., c. de Meximieux.
Jujurieux, 3,025 hab., c. de Poncin. »—→ Château ruiné à Chenavel.
Julie (Sainte-), 410 hab., c. de Lagnieu.
Julien-sur-Reyssouze (Saint-), 941 hab., c. de Saint-Trivier-de-Courtes.
Julien-sur-Veyle (Saint-), 686 hab., c. de Châtillon-sur-Chalaronne.
Just (Saint-), 279 hab., c. de Bourg.
Lacoux, 253 hab., c. de Hauteville.
Lagnieu, 2,638 hab., ch.-l. de c. de l'arrond. de Belley. »—→ Église ogivale moderne. — Pont sur le Rhône. — Débris d'anciens remparts.

Laiz, 509 hab., c. de Pont-de-Veyle.
Lalleyriat, 422 hab., c. de Nantua.
Lancrans, 504 h., c. de Collonges.
Lantenay, 312 hab., c. de Brénod.
Laurent (St-), 1,832 hab., c. de Bâgé-le-Châtel. ⟶ Église moderne à trois nefs, style du XIII° siècle.
Lavours, 324 hab., c. de Belley.
Léaz, 875 hab., c. de Collonges. ⟶ Ancien château. —Viaduc du chemin de fer, haut de 75 mèt., à Longeray. — A Grézin, deux maisons du XV° s.; curieuse passerelle sur le Rhône.
Lélex, 525 hab., c. de Gex.
Lent, 1,227 hab., c. de Bourg.
Lescheroux, 1,188 hab., c. de Saint-Trivier-de-Courtes.
Leyment, 492 hab., c. de Lagnieu. ⟶ Château de la Servette. — Église du XVI° siècle; vitraux du chœur.
Leyssard, 454 hab., c. d'Izernore.
Lhuis, 1,147 hab., ch.-l. de c. de l'arrond. de Belley. ⟶ Chapelle de bénédictins, convertie en église. — Deux portes et tour, restes d'un château. — Débris romains au hameau de Rix, qui sert de port à Lhuis sur le Rhône.
Lilignod, 101 hab., c. de Champagne.
Lochieu, 252 hab., c. de Champagne.
Lompnas, 352 hab., c. de Lhuis.
Lompnes, 451 hab., c. de Hauteville. ⟶ Château.
Lompnieu, 350 hab., c. de Champagne. ⟶ Ruines féodales de Château-Rouge.
Longecombe, 486 hab., c de Hauteville. ⟶ Ruines d'un château. — Près de Lacoux, cascade de l'Albarine, quatre chutes (150 mètres de haut.). Cascade de Charabotte, formée par des eaux qui se précipitent de deux grottes.
Loyes, 955 hab., c. de Meximieux.
Loyettes, 913 hab., c. de Lagnieu.
Lurcy, 511 hab., c. de Saint-Trivier-sur-Moignans. ⟶ Château des XIV° et XVI° siècles.
Luthézieu, 206 hab., c. de Champagne. ⟶ Débris d'un aqueduc romain.
Magnieu, 561 hab., c. de Belley.
Maillat, 573 hab., c. de Nantua. ⟶ Château. — Beau pont de pierre.

Malafretaz, 546 hab., c. de Montrevel.
Mantenay-Montlin, 643 hab., c. de Saint-Trivier-de-Courtes.
Manziat, 1,638 hab., c. de Bâgé-le-Châtel.
Marboz, 2,550 hab., c. de Coligny.
Marcel (Saint-), 312 hab., c. de Trévoux.
Marchamp, 432 hab., c. de Lhuis.
Marignieu, 281 hab., c. de Virieu-le-Grand.
Marlieux, 717 hab., c. de Villars.
Marsonnas, 1,227 hab., c. de Montrevel.
Martignat, 707 hab., c. d'Oyonnax. ⟶ Lac de Chanon (600 mètres, sur 200).
Martin-de-Bavel (Saint-), 661 hab., c. de Virieu-le-Grand. ⟶ Découverte de tombeaux antiques et d'une inscription romaine.
Martin-du-Fresne (Saint-), 833 hab., c. de Nantua.
Martin-du-Mont (Saint-), 1,697 hab., c. de Pont-d'Ain.
Martin-le-Châtel (Saint-), 902 hab., c. de Montrevel.
Massieux, 271 hab., c. de Trévoux.
Massignieu-de-Rives, 608 hab., c. de Belley.
Matafelon, 639 hab., c. d'Izernore.
Maurice-de-Beynost (Saint-), 263 hab., c. de Montluel.
Maurice-d'Échazeaux (Saint-), 157 hab., c. de Treffort. ⟶ Château ruiné.
Maurice-de-Gourdans (Saint-), 1,113 hab., c. de Meximieux.
Maurice-de-Rémens (Saint-), 541 hab., c. d'Ambérieu.
Meillonnas, 1,045 hab., c. de Treffort.
Mérignat, 297 hab., c. de Poncin.
Messimy, 729 hab., c. de Saint-Trivier-sur-Moignans.
Meximieux, 2,276 hab., ch.-l. de c. de l'arrond. de Trévoux. ⟶ Château fondé au XI° siècle, souvent reconstruit depuis. — Maison de Vaugelas.

Meyriat, 460 hab., c. de Ceyzériat.

Mézériat, 1,425 hab., c. de Châtillon-sur-Chalaronne.

Mionnay, 362 hab., en amphithéâtre sur le Rhône (170 mètres), c. de Montluel. →→ Ruines d'un château (belle vue).

Misérieux, 627 hab., c. de Trévoux.

Moëns, 217 hab., c. de Ferney.

Mogneneins, 1,066 hab., c. de Thoissey. →→ Église des XIIe et XVe siècles. — Croix de pierre sculptée.

Mollon, 256 hab., c. de Meximieux.

Montagnat, 464 hab., c. de Bourg.

Montagnieu, 564 hab., c. de Lhuis.

Montanay, 708 hab., c. de Trévoux.

Montanges, 599 hab., c. de Châtillon-de-Michaille.

Moncet, 414 hab., c. de Bourg.

Montceaux, 604 hab., c. de Thoissey.

Montellier (Le), 353 hab., c. de Meximieux. →→ Château du XVIe siècle.

Montgriffon, 357 hab., c. de Saint-Rambert.

Monthieux, 372 hab., c. de Villars.

Montluel, 2,705 hab., ch.-l. de c. de l'arrond. de Trévoux. →→ Ruines d'un château du XIe siècle et des remparts de la ville primitive; chapelle de 1289. — Du mamelon de Saint-Barthélemy, vue magnifique.

Montmerle, 1,790 hab., c. de Thoissey. →→ Église et belvédère sur la hauteur boisée qui domine le village. — Pont suspendu sur la Saône.

Montracol, 569 hab., c. de Bourg.

Montréal, 1,148 hab., c. de Nantua. →→ Château du XVIIIe siècle.

Montrevel, 1,545 hab., ch.-l. de c. de l'arrond. de Bourg.

Mornay, 352 hab., c. d'Izernore.

Murs-et-Gelignieux, 330 hab., c. de Belley.

Nantua, 3,296 hab., ch.-l. d'arrond., près du lac du même nom. →→ Église romane (mon. hist.) du XIIe siècle ; nefs étroites ; sculptures du portail mutilées, représentant la Cène et les symboles des Évangélistes ; au centre de l'église, lanterne octogonale avec coupole. Suivant une tradition, Charles le Chauve aurait été inhumé dans cette église avant d'être transféré à Saint-Denis. L'intérieur renferme un tableau d'Eugène Delacroix.

Napt, 125 hab., c. d'Izernore.

Nattages, 563 hab., c. de Belley.

Neuville-sur-Ain, 1,488 hab., c. de Pont-d'Ain. →→ Vieille tour. — Beau pont de deux arches sur l'Ain, appuyé sur un rocher qui occupe presque toute la largeur de la rivière. — Châteaux ruinés de Saint-André et de Thol. — Vieux manoir restauré de Château-Vieux, sur les bords du Suran.

Neuville-sur-Renon ou les-Dames, 1,636 hab., c. de Châtillon-sur-Chalaronne. →→ Bâtiments d'un ancien chapitre de chanoinesses.

Neyrolles, 455 hab., c. de Nantua.

Neyron, 568 hab., c. de Montluel.

Niévroz, 387 hab., c. de Montluel.

Nizier-le-Bouchoux (Saint-), 1,679 hab., c. de Saint-Trivier-de-Courtes.

Nizier-le-Désert (Saint-), 620 hab., c. de Chalamont.

Ochiaz, 374 hab., c. de Châtillon-de-Michaille.

Olive (Sainte-), 200 hab., c. de Saint-Trivier-sur-Moignans. →→ Ancien château.

Oncieu, 234 hab., c. de Saint-Rambert.

Ordonnaz, 473 hab., c. de Lhuis.

Ornex, 353 hab., c. de Ferney.

Outriaz, 250 hab., c. de Brénod.

Oyonnax, 3,847 hab., ch.-l. de c. de l'arrond. de Nantua.

Ozan, 330 hab., c. de Pont-de-Vaux.

Parcieux, 394 hab., c. de Trévoux. →→ Château.

Parves, 353 hab., c. de Belley.

Passin, 452 hab., c. de Champagne.

Paul-de-Varax (Saint-), 825 hab., c. de Villars. →→ Église romane (mon. hist.); beau portail du XIe siècle.

Péron, 1,064 hab., c. de Collonges.

Péronnas, 813 hab., c. de Bourg.
Pérouges, 726 hab., c. de Meximieux. ⟹ Ruines des remparts.
Perrex, 675 hab., c. de Pont-de-Veyle.
Petit-Abergement, 515 hab., c. de Brénod.
Peyriat, 200 hab., c. d'Izernore.
Peyrieu, 937 hab., c. de Belley.
Peyrouse (La), 364 hab., c. de Villars.
Peyzieux, 367 hab., c. de Thoissey. ⟹ Château.
Pirajoux, 721 hab., c. de Coligny.
Pizay, 300 hab., c. de Montluel.
Plagnes, 185 hab., c. de Châtillon-de-Michaille.
Plantay (Le), 508 hab., c. de Chalamont. ⟹ Tour, reste d'un château (xiv° s.). — Couvent de Trappistes de N.-D.-des-Dombes, fondé en 1861.
Poizat (Le), 647 hab., c. de Nantua.
Polliat, 1,481 hab., c. de Bourg.
Pollieu, 261 hab., c. de Belley.
Poncin, 2,006 hab., ch.-l. de c. de l'arrond. de Nantua. ⟹ Beau château des xiv° et xvi° s.
Pont-d'Ain, 1,404 hab., ch.-l. de c. de l'arrond. de Bourg. ⟹ Maisons du xv° siècle. — Beau château de 1588, converti en une maison de retraite pour les prêtres âgés du diocèse de Belley. — Pont suspendu, sur l'Ain.
Pont-de-Vaux, 2,853 hab., ch.-l. de c. de l'arrond. de Bourg. ⟹ Statue du général Joubert. — Buste du paysagiste Chintreuil.
Pont-de-Veyle, 1,285 hab., ch.-l. de c. de l'arrond. de Bourg. ⟹ Superbe château de M. de Parseval, qui a établi une ferme-modèle dans le voisinage.
Port, 273 hab., c. de Nantua.
Pougny, 425 hab., c. de Collonges. ⟹ Château ruiné.
Fouillat, 214 hab., c. de Treffort.
Pouilly-Saint-Genis, 884 hab., c. de Ferney.
Prémeyzel, 306 hab., c. de Belley. ⟹ Grotte.
Prémillieu, 260 hab., c. de Hauteville.
Pressiat, 304 hab., c. de Treffort.
Prevessin, 363 hab., c. de Ferney.

Priay, 1,006 hab., c. de Pont-d'Ain.
Proulieu, 343 hab., canton de Lagnieu.
Pugieu, 350 hab., c. de Virieu-le-Grand. ⟹ Cascade du Martinet.
Ramasse, 364 hab., c. de Ceyzériat.
Rambert (Saint-), 2,934 hab., ch.-l. de c. de l'arrond. de Belley. ⟹ Débris du château fort de Cornillon. — Restes (dais gothique, en terre cuite émaillée, et crypte du xii° siècle) d'une abbaye de bénédictins, située dans une gorge où le Brevon forme plusieurs cascades.
Rancé, 280 hab., c. de Trévoux.
Relevant, 425 hab., c. de Saint-Trivier-sur-Moignans.
Remy (Saint-), 333 hab., c. de Bourg.
Replonges, 1,792 hab., c. de Bâgé-le-Châtel.
Revonnas, 414 hab., c. de Ceyzériat.
Reyrieux, 1,428 hab., c. de Trévoux.
Reyssouze, 900 hab., c. de Pont-de-Vaux.
Rignat, 360 hab., c. de Ceyzériat.
Rignieux-le-Franc, 472 hab., c. de Meximieux.
Rillieux, 1,267 hab., c. de Montluel. ⟹ Ancien château de la Poppe.
Romanèche, 332 hab., c. de Ceyzériat.
Romans, 598 hab., c. de Châtillon-sur-Chalaronne. ⟹ Vieux château.
Rossillon, 506 hab., c. de Virieu-le-Grand. ⟹ Ruines d'un château construit vers 1163, sur un mamelon isolé, détruit par Biron au xvi° s.
Ruffieu, 433 hab., c. de Champagne.
Salavre, 616 hab., c. de Coligny.
Samognat, 333 hab., c. d'Izernore.
Sandrans, 613 hab., c. de Châtillon-sur-Chalaronne.
Sathonay, 3,382 hab., c. de Trévoux.
Sault-Brénaz (Le), 1,002 hab., c. de Lagnieu.

Sauverny, 195 hab., c. de Ferney.
Savigneux, 634 hab., c. de Saint-Trivier-sur-Moignans.
Segny, 289 hab., c. de Gex.
Seillonnas, 325 hab., c. de Lhuis.
Sergy, 334 hab., c. de Ferney. ⟶ Deux vieux châteaux.
Sermoyer, 1,163 hab., c. de Pont-de-Vaux.
Serrières-de-Briord, 641 hab., c. de Lhuis. ⟶ Église du xv⁰ siècle; pierres avec inscriptions romaines encastrées dans le mur. — Château fort de Bouvesse. — Ruines d'un ancien manoir de Bussières.
Serrières-sur-Ain, 314 hab., c. d'Izernore. ⟶ Pont suspendu.
Servas, 426 hab., c. de Bourg.
Servignat, 547 hab., c. de Saint-Trivier-de-Courtes.
Seyssel, 1,178 hab., ch.-l. de c. de l'arrond. de Belley. ⟶ Pont suspendu qui met le bourg en communication avec le Seyssel de la Haute-Savoie. Au sommet de l'arc de pierre qui surmonte la pile construite au milieu du Rhône, est placée une statue de la Vierge.
Simandre, 885 hab., c. de Ceyzériat. ⟶ Menhir haut de 4 mètres.
Songieu, 594 hab., c. de Champagne. ⟶ Ruines de l'ancienne ville forte de Châteauneuf, d'origine gauloise et capitale, au moyen âge, du pays de Valromey.
Sonthonnax, 407 hab., c. d'Izernore.
Sorlin (Saint-), 804 hab., c. de Lagnieu. ⟶ Le village est dominé par les ruines de deux forteresses féodales et par les rochers à pic de Bramafan.
Souclin, 485 hab., c. de Lagnieu.
Sulignat, 595 hab., c. de Châtillon-sur-Chalaronne.
Sulpice (Saint-), 194 hab., c. de Bâgé-le-Châtel.
Surjoux, 245 hab., c. de Châtillon-de-Michaille. ⟶ Viaduc de 50 mèt. d'ouverture jeté sur la Vézeronce, qui tombe en cascade.
Sutrieu, 210 hab., c. de Champagne.

Talissieu, 500 h., c. de Champagne.
Tenay, 3,193 hab., c. de Saint-Rambert. ⟶ Gorge de l'Albarine.
Thézillieu, 711 hab., c. de Hauteville. ⟶ Ruines de la célèbre abbaye de Saint-Sulpice.
Thil, 256 hab., c. de Montluel.
Thoiry, 1,319 hab., c. de Ferney.
Thoissey, 1,518 hab., chef-lieu de canton de l'arrondissement de Trévoux.
Torcieu, 680 hab., c. de St-Rambert. ⟶ Château ruiné de Montferrant.
Tossiat, 651 hab., c. de Pont-d'Ain.
Tramoyes, 520 hab., c. de Trévoux.
Tranclière (La), 292 hab., c. de Pont-d'Ain.
Treffort, 1,781 hab., ch.-l. de c. de l'arrond. de Bourg. ⟶ Ruines de fortifications.
Trévoux, 2,698 h., ch.-l. d'arr., sur la Saône. ⟶ Débris d'un château féodal dont une tour, octogonale, remonte au moins au xii⁰ siècle. — Au tribunal, ancien siège du Parlement, grande salle peinte à fresque par P.-P. Sevin. — Église du xiv⁰ s. — Beau quai — Pont suspendu.
Trivier-de-Courtes (Saint-), 1,431 hab., ch.-l. de c. de l'arrond. de Bourg. ⟶ Traces d'anciennes fortifications.
Trivier-sur-Moignans (Saint-), 1,678 hab., ch.-l. de c. de l'arrond. de Trévoux. ⟶ Vaste enceinte d'un château, démantelé au xiv⁰ siècle. — Anciens remparts.
Valeins, 150 hab., c. de Thoissey
Vanchy, 779 hab., canton de Collonges.
Vandeins, 515 hab., c. de Châtillon-sur-Chalaronne. ⟶ Château ruiné de Chandée.
Varambon, 427 hab., c. de Pont-d'Ain.
Vaux, 844 hab., c. de Lagnieu.
Verjon, 401 hab., c. de Coligny.
Vernoux, 470 hab., c. de Saint-Trivier-de-Courtes.
Versailleux, 412 hab., c. de Chalamont.

Versonnex, 225 hab., c. de Ferney.
Vesancy, 377 hab., c. de Gex.
Vescours, 557 hab., c. de Saint-Trivier-de-Courtes.
Vesenex, 269 hab., c. de Gex.
Vésines, 189 hab., c. de Bâgé-le-Châtel.
Veyziat, 449 hab., c. d'Oyonnax.
Vieu, 604 hab., c. de Champagne. ⟶ Aqueduc antique (mon. hist.; 596 mèt. de longueur; 60 cent. de largeur moyenne; 1 mèt. 80 c. à 5 mèt. de hauteur) creusé dans le roc, bien conservé, restauré en 1869 et dont les eaux fournissent aux besoins de la population. — Église du xiiie s., la plus remarquable du Valromey, construite en grande partie avec des matériaux d'un temple romain.
Vieu-d'Izenave, 659 hab., c. de Brénod.
Villars, 1,535 hab., ch.-l. de c. de l'arrond. de Trévoux. ⟶ Église ogivale; très belle crédence. — Château de Glareins. — Tour ruinée.
Villebois, 1,660 hab., c. de Lagnieu.
Villemotier, 784 hab, c. de Coligny.

Villeneuve-Agnereins, 1,063 hab., c. de Saint-Trivier-sur-Moignans.
Villereversure, 1,134 hab., c. de Ceyzériat.
Villes, 828 hab., c. de Châtillon-de-Michaille.
Villette, 658 hab., c. de Chalamont. ⟶ Vieux château de Richemont, restauré.
Viriat, 2,708 hab., c. de Bourg.
Virieu-le-Grand, 1,205 hab., ch.-l. de c., arr. de Belley. ⟶ Débris du château où Honoré d'Urfé écrivit l'*Astrée*. — Belle cascade des Abiures.
Virieu-le-Petit, 511 hab., c. de Champagne.
Virignin, 1,151 hab., c. de Belley. ⟶ Fort de Pierre-Châtel.
Volognat, 269 hab., c. d'Izernore.
Vongnes, 170 hab., c. de Virieu-le-Grand.
Vonnas, 1,551 hab., c. de Châtillon-sur-Chalaronne.
Vouvray, 495 hab., c. de Châtillon-de-Michaille.
Vulbas (St-), 600 h., c. de Lagnieu.
Yon-Artemare, 873 hab., c. de Champagne. ⟶ Cascades de Groin (formée par une source intermittente) et de Cerveyrieu (50 mèt.).

A LA MÊME LIBRAIRIE

GUIDES-JOANNE

GUIDES FORMAT IN-16

De Paris à Lyon, par *P. Joanne* (5 cartes, 2 plans et 84 grav.) . . 5 fr. »
Guide du Voyageur en France, par *Richard* (2 cartes et 8 plans) . . . . 12 fr. »
Itinéraire de la Suisse, du Mont-Blanc et des vallées de Chamonix et du Piémont, par *P. Joanne* (2 vol. avec 18 cartes, 5 plans de villes et 7 panoramas) . . . . 16 fr. »
Jura et Alpes françaises, par *Ad. Joanne* (1 vol. de 1143 pag., avec 21 cartes, 4 plans et 2 panoramas) . . . . 15 fr. »
   1re partie : BOURGOGNE ET JURA . . . . 7 fr. 50
   2e partie : SAVOIE . . . . 7 fr. 50
   3e partie : DAUPHINÉ ET HAUTES-ALPES . . . . 7 fr. 50
Les Bains d'Europe, par *Ad. Joanne* et le Dr *A. Le Pileur* (1 carte) . . . . 12 fr. »

GUIDES-DIAMANT FORMAT IN-32

Dauphiné et Savoie, par *P. Joanne* (6 cartes, 4 plans et 4 panoramas) . . . . 5 fr. »
France, par *P. Joanne* (2 cartes) . . . . 6 fr. »
Lyon et ses environs, par *P. Joanne* (22 gravures, 1 plan et 1 carte) . . . . 2 fr. »
Suisse, par *P. Joanne* (12 cartes) . . . . 6 fr. »

IMPRIMERIE A. LAHURE, 9, RUE DE FLEURUS, A PARIS

www.ingramcontent.com/pod-product-compliance
Lightning Source LLC
LaVergne TN
LVHW022126080426
835511LV00007B/1049